SISSI EMPERATRIZ, ELIZABETH DE AUSTRIA

SISSI EMPERATRIZ, ELIZABETH DE AUSTRIA

EL HADA DE LA SOLEDAD

ALICIA NOEMÍ PERRIS VILLAMOR

ISBN: 84-9764-757-2
Depósito legal: M-28415-2005

Colección: Mujeres en la historia
Título: Sissi Emperatriz
Autor: Alicia Noemí Perris Villamor
Coordinador general: Felipe Sen
Coordinador de colección: Mar de Ventura Fernández
Diseño de cubierta: Juan Manuel Domínguez
Impreso en: LÁVEL

IMPRESO EN ESPAÑA – *PRINTED IN SPAIN*

ÍNDICE

I. Sissi. La emperatriz y su leyenda. Apuntes pre-
liminares 11

II. La época de Elizabeth. El turbulento siglo XIX ... 25

III. La vida nada convencional de Sissi. Los años
de infancia y adolescencia 45

IV. Una elección imprevista. La boda y los primeros
años de una emperatriz heterodoxa 53

V. Un periodo difícil y decisivo 61

VI. Los últimos diez años 73

VII. Mayerling o el caos 79

VIII. La emperatriz Elizabeth y su vinculación con
Hungría 95

IX. El vínculo de Sissi con Italia 103

X. La emperatriz y sus hábitos alimenticios 119

XI. La escapada amorosa y el cuento de hadas 125

XII. Los contactos de la dinastía Habsburgo con
España 131

XIII. Sissi y la mirada de los observadores: Constantin Christomanos, Cioran, Morand, Bettelheim
y otros 137

XIV. La vida amorosa supuestamente secreta del em-
perador 147

XV. La muerte de Elizabeth 155

XVI. Museos y exposiciones que recuerdan a Sissi ... 163

XVII. Resumen final de un cuaderno de bitácora 167

XVIII. Bibliografía 177

XIX.	Cronología general del siglo XIX	179
XX.	Cronología de la vida de Elizabeth de Austria ..	181
XXI.	Romy Schneider: La dulce *alter ego* de una emperatriz	183
XXII.	Cronología fundamental de Romy Schneider	187
XXIII.	Bibliografía sobre Romy Schneider	189

A mis padres, Mario e Irma,
que desaparecieron de mi
vida demasiado pronto.

*Lo que es enfermedad y lo que es salud, amigo,
no debemos dejar que lo decidan los pedantes.
Es dudoso que su ciencia de la vida sea tanta
como ellos pretenden. No pocas veces la vida
ha recurrido a la enfermedad y a la muerte con
verdadero goce.*

Thomas Mann

I. SISSI. LA EMPERATRIZ Y SU LEYENDA. APUNTES PRELIMINARES

Sissi escribió: *La mayoría de las personas son desgraciadas porque se hallan en perpetuo conflicto con la necesidad. Si uno no puede ser feliz a su manera, no le queda más remedio que amar su desgracia.*

Sólo eso nos proporciona la paz, y la paz es la belleza de este mundo. La belleza es causa y fin de todas las cosas.

La vida y muerte de Sissi, la emperatriz del Imperio Austro-húngaro y también reina de Hungría, sigue despertando todo tipo de interés en especialistas, historiadores, escritores, cineastas y público en general.

A pesar de que en 1998 se le dedicaron, con motivo de cumplirse el centenario de su asesinato en Suiza, exposiciones, reseñas, libros completos y catálogos de fotos, recuerdos y reproducciones, y hasta musicales. En su país, Austria según las fronteras actuales, y en muchos otras ciudades europeas, el mito sigue suscitando una pasión tan fresca y llamativa como la que mantuvo en vilo a los espectadores contemporáneos de su vida de cuento de hadas. Un cuento de hadas muy especial.

En efecto, según las palabras de Karl Friedrich Rudolf, que el año del centenario de Sissi era director del Instituto Histórico Austriaco en Madrid: *La vida de la emperatriz Elisabeth invita a una multitud de lecturas.*

11

Uno de los recuerdos más duraderos de mi infancia fue sin duda alguna la primera película de Sissi de los años cincuenta, de la época pretelevisiva de 1955, un mundo en color de una Austria feliz, con una joven pareja imperial en un escenario todavía existente, en contraste con estos años difíciles después de 1945.

Sin embargo, a través de los estudios serios sobre ella, se fue perfilando un personaje complejo, singular y paradójico, que como representante de la capa alta de la sociedad, se podía permitir todo tipo de lujos y extravagancias por un lado, mientras que por el otro quería escapar de ese mundo poco privado. Sin embargo, no renunció a sus privilegios.

El año en que fue asesinada la emperatriz —1898— coincidió también con un momento histórico en que España se replanteaba su destino y se preguntaba por el carácter y la definición de su espíritu histórico y su esencia como nación.

La época de la regencia de la reina María Cristina coincide con las últimas luces de la existencia de Sissi, una trayectoria donde también gobernaron las sombras.

Sin embargo, el traer a la memoria de los contemporáneos la biografía de Sissi, tiene más que ver con una mirada crítica y renovada ante la cuestión de este enigma histórico, que con una presentación edulcorada de esta leyenda de novela para jovencitas, que define la existencia de un mundo ideal dentro del gran teatro de las monarquías y los intereses de Estado.

Como escribe en ese contexto de recuperación de la memoria histórica Hans Marte, entonces director general de la Biblioteca Nacional Histórica, *no se tributa homenaje al mito, sino que se lo cuestiona. Por medio de fotografías retocadas y montadas se demuestra en qué medida la imagen que nos hemos hecho de la emperatriz es un retrato deseado o tal vez una imagen falsa.*

Retrato de la emperatriz Elizabeth de Austria, a la edad de 16 años.

Se busca más bien la imagen auténtica de un personaje que contribuyó bastante a la creación de este mito, que la rodeaba ya en vida.

Aunque se trata casi de una misión imposible, ya que ni siquiera físicamente la soberana permitió que los espectadores pudieran hacerse una idea del estado de su belleza real.

De hecho, la exposición que se llevó a cabo en la Biblioteca Nacional de Madrid, entre el 6 de octubre y el 25 del mismo mes del año 1998, abarca la Portätsammlung (colección de retratos) de su homóloga austriaca y presenta 700 testimonios gráficos y fotografías sobre el tema de la emperatriz Elizabeth.

Pero, como escribe a propósito de la muestra el experto Karl Rudolf, ya citado, *Elizabeth recelaba de los actos públicos y —aparte de las fotografías del noviazgo— sólo estuvo dispuesta a dejarse fotografiar durante 10 años de su vida.*

Los medios de la época —periodistas, fotógrafos, dibujantes, grabadores, litógrafos— se encontraron ante una situación francamente difícil... Se retocaron las pocas fotografías existentes, se montaron imágenes dentro de las obras gráficas, se fotografiaron los resultados y así se produjeron las imágenes deseadas de una emperatriz que no envejecía nunca, imágenes junto a Francisco José, imágenes idílicas de una familia.

Por lo que se deduce de los párrafos anteriores, se aprecia que la reconstrucción de la historia iconográfica de Sissi es una búsqueda inútil, ya que la memoria de su figura, de su sonrisa y de la personalidad que trasciende el momento fijado e inmortalizado de una fotografía ha sido manipulada sin remedio y de forma deliberada para preservar un determinado mensaje: el del instante de la representación gráfica para siempre consagrada e inmovilizada en el tiempo.

La iconografía de Sissi ocupa un lugar importante en el rastreo de las circunstancias, tan personales y exclusivas, de su vida.

La primera fotografía que se le realizó data del momento vital en que la futura reina de Hungría tiene 15 años. Por entonces, según su madre, no era una belleza, ni prefiguraba la atención que el mundo depositaría en su evolución como mujer.

Pero el compromiso con el emperador en Ischl, el 18 de agosto de 1853, la coloca con rapidez en el ojo del huracán mediático y la imagen de la futura soberana —un verdadero fetiche para algunos— empezó a ser cada vez más codiciada.

En 1863, Dürck diseñó un retrato que le pareció adecuado al emperador. Se trata de una representación de cuerpo entero, que se conserva en el castillo de Miramar, en Italia, en la zona de Trieste.

La región de Possehofen (Possi), donde Sissi creció libre y sin las ataduras de la corte que pronto marcarían su vida, aparece muchas veces en los recuerdos gráficos de la emperatriz.

La soberana, desde el comienzo de su compromiso con Francisco José, se convirtió en icono deseado de artistas, fotógrafos y pintores. Uno de los que la inmortalizaron con más éxito en la década de los cincuenta fue Franz Schrotzberg, famoso entre la sociedad vienesa.

A partir de 1855 la iconografía de la reina empieza a mostrarnos cómo ha cambiado la chiquilla ingenua que jugaba en las montañas de su Baviera natal. Entre los 17 y los 21 años, dio a luz tres hijos.

La primera de sus vástagos, Sofía, llamada como su abuela paterna, había muerto.

La belleza de Sissi comienza a decantarse por una imagen más áspera y cerrada sobre sí misma y así se llega a los años sesenta, en los que fue profusamente fotografiada.

El estudio de Ludwig Angerer realizó una serie importante de fotografías de la emperatriz con anterioridad a su viaje a Madeira, provocado por la sospecha de que una enfermedad pulmonar incurable (la tisis) amenazaba la continuidad y la estabilidad de la soberana de Austria.

Se llevaron a cabo en un formato que recibía el nombre de *carte de visite* y se utilizaron durante muchos años como modelo intercambiable y lábil, ya que se adaptaba con facilidad a la imagen de la joven reina que cada cual quería tener de ella.

La imagen de Sissi va cambiando paulatinamente con el paso del tiempo, aunque las sonrisas y el rictus de sus fotografías siguen siendo retocadas y manipuladas no sólo por la intención de los artistas, sino también siguiendo las necesidades y la etiqueta de Estado.

Ya en 1863 Elizabeth centró el interés de su rostro en los famosos peinados de trenzas, que envolvía un cabello que le llegaba hasta los talones y entrañaba complicados rituales de conservación y limpieza.

Francisca Rössler, una peluquera del teatro imperial, se había hecho cargo del cuidado de la melena imperial, ocupación harto difícil, dadas las circunstancias.

En los peinados se notaba la influencia casi campesina y rústica de las tradiciones húngaras que Sissi había hecho tan suyas, aunque el resultado final era sofisticado y agotador, ya que las sesiones de peluquería en palacio se prolongaban durante horas.

En este lapso, la soberana aprovechaba para estudiar lenguas o para leer, o para entablar conversación con sus damas de honor sobre asuntos de su interés.

A menudo, la emperatriz, que adoraba los animales, se hacía retratar con sus perros, como en el caso de sus fotografías con Houseguard, un lobo irlandés que había sido conseguido en Inglaterra.

La única fotografía real, no producto de un fotomontaje, que Elizabeth se hizo con sus seres queridos data de 1859. Se trata de un retrato de familia amplio, ya que no sólo están Francisco José, los suegros y los hijos de la pareja imperial, sino también hermanos y cuñados de los emperadores.

Esta serie producida por Ludwig Angerer servirá como modelo y matriz para toda una colección de montajes que se realizaron posteriormente.

En cuanto a sus nietos, que tuvo muy pronto, ya que fue no sólo una madre sino también una abuela muy precoz, nunca le gustó la evidencia de su cercanía en las fotografías o retratos.

Prefería comprarles regalos o quererlos a distancia, lejos de los cuestionamientos, por otra parte obvios, que su existencia podría plantearle sobre su propio envejecimiento.

Otra serie famosa de fotografías se la realizaron a Elizabeth con caballos. Sissi amaba estos animales y durante toda su vida fue una excelente amazona. La afición a este deporte la había heredado de su padre y la compartió con su marido, no sólo en Austria, sino durante las oportunidades que tenía de montar a caballo en sus numerosos viajes.

La iconografía de la emperatriz se relaciona a menudo con su querida Hungría, su patria de elección, la tierra donde podía explayarse y ser libre, en contraposición a su vida en Austria, donde la etiqueta y las obligaciones ahogaban su necesidad de vincularse a sus verdaderos intereses y afectos.

Hubo pues, fotografías en Gödöllö, el palacio situado a 30 Km de Budapest, que el pueblo húngaro regaló a su reina con motivo de su coronación en 1867.

La conmemoración del milenio del país magiar encuentra a Sissi en otra disposición vital, ya anciana y con las ambiciones de juventud muy contrariadas por la realidad de una existencia amarga y plagada de calamidades.

En este periodo y particularmente a partir de la muerte del heredero Rodolfo, su único hijo varón, el color negro será su elección indeclinable para todo tipo de vestimenta.

El pueblo húngaro idolatró a Sissi durante toda su vida, ella fue su valedora, su defensora incondicional.

Durante los festejos del milenio en el país magiar, el 8 de junio de 1896 y mientras los emperadores escuchaban las palabras del discurso del presidente Dezsö Szilagyi, un observador atento escribió estos recuerdos de la impresión que tuvo de la ceremonia a la que estaba asistiendo. Su punto de mira, una vez más, está focalizado sobre Elizabeth y así describe Kálmán Mixta a la reina:

Su rostro es blanco e inmensamente triste... Sus largas pestañas están bajadas, en sus hermosos y vivos ojos no se ve nada; está sentada, quieta, casi insensible, como si no viese a nadie, ni oyese nada... Ningún movimiento, ninguna mirada indica el mínimo interés...

Cuando se pronuncia su nombre —sigue anotando el testigo en su memoria—, *inmediatamente se levantó el ánimo de los asistentes... Como si irrumpiese en sus corazones un gran gozo... Entonces la fría y majestuosa cabeza se mueve. De manera apenas perceptible se inclina dando las gracias.*

Fue un momento mágico que aumentó la algarabía que tardó en calmarse haciendo temblar las bóvedas... La reina baja su cabeza... y su rostro, blanco como la nieve, de repente empieza a sonrojarse, cada vez más y más... Sus ojos se han abierto enormemente y en ellos reluce el antiguo brillo.

De estos ojos, que entonces podían sonreír de tal modo que podían poner de buen humor a todo un país triste, salió una lágrima. Centenares de personas vieron esta gota preciosa... Todo esto duró sólo un minuto. La hermosísima señora se llevó su pañuelo, decorado con encajes, al rostro y se limpió la lágrima.

El regocijo cesó, el orador continuó y del rostro de la emperatriz desapareció el sonrojo... Sólo un minuto y otra vez estaba sentada al lado del rey la reina, envuelta en tristeza, la Mater Dolorosa, *pálida, silenciosa, insensible como una estatua que hacía recordar un dulce rostro.*

Elizabeth siempre aborreció el lado protocolario y de representación de su rol de emperatriz, aunque tampoco estuvo dispuesta, como se recogía anteriormente, a perder sus privilegios a cambio de libertad.

La verdad es que da la sensación —y es una apreciación objetivamente defendible— de que en la vida lo quería todo.

La imagen parece ser, desde adolescente, uno de los flancos más débiles de la emperatriz, que es diagnosticada de neurótica y narcisista por destacados psiquiatras posteriores, como Bruno Bettelheim.

Sin embargo, a pesar de su fascinación por la locura y de la existencia de profesionales de renombre en su época, como

18

Sigmund Freud, nada parece indicar que la soberana acudiera a los expertos en salud mental de entonces.

El ejercicio físico llevado hasta los límites de la extenuación, que compartía con sus servidores más próximos o las damas de la corte, hacía que, junto con una dieta sin concesiones y exigua, pudiera pensarse que Sissi padecía los clásicos trastornos de la alimentación que se convirtieron en una verdadera epidemia entre las jovencitas del final del siglo XX.

En su tiempo, estas costumbres llamaban bastante más la atención que hoy en día —por su rareza— y fueron objeto de conversaciones y comentarios en todas las cortes de Europa.

Sin embargo, y a pesar de la elegancia de su porte y de su figura, no admitía con facilidad la exposición al público, circunstancia que era de obligado cumplimiento, teniendo en cuenta que se trataba de un personaje público de primera línea.

Evitaba aparecer también en ceremonias públicas con Francisco José y en estas ocasiones no permitía de ninguna manera ser fotografiada. Sin embargo, quedan algunas instantáneas.

En su peregrinaje a Mariazell, acompañó al emperador Francisco José a una entrevista con el káiser alemán Guillermo I y el canciller Bismarck, sinónimo de un modelo político y de Estado férreo y militar, favorable a la solución bélica de los conflictos.

La emperatriz se encontraba muy alejada de estos planteamientos, a pesar de haber sido Austria, durante siglos, un imperio y una potencia hegemónica. Sin embargo, en esta fotografía aparece con una actitud cercana a la sonrisa.

La última aparición pública de la emperatriz fue durante una visita que el zar Nicolás, con su esposa Alejandra, llevó a cabo a Viena en agosto de 1896. El zar viaja en un coche con el emperador, y la zarina con Elizabeth, siempre de negro, en otra carroza.

Esta manera de representar a Sissi, como ella se gustaba o recordaba de joven, gracias a la suplantación de imágenes antiguas en fotografías tomadas ya de mayor, era un poco como la metáfora de su propia vida: alguien que se deseaba eternamente joven, para suprimir a la vez el paso inexorable del tiempo y la llegada —evidente— de desgracias y desconsuelos propios de una existencia como la de Sissi.

Por momentos, en algunos periodos de su vida, logró que la trampa funcionara y hasta con toda probabilidad ella misma consiguió seguir soñándose como la eterna jovencita de Possenhofen a quien nunca le interesó crecer. Porque madurar entrañaba obligaciones, sinsabores y un modelo de comportamiento del que siempre quiso mantenerse apartada.

Esta voluntad, este desafío al paso del tiempo que todo lo corrompe, los afectos, la belleza física, se plasma en el intento constante de cambiar de lugar de la emperatriz.

Viajar es moverse, pero a la vez, centrarse en un lugar insustancial donde todo sueño puede ser posible, porque el viaje nos devuelve a un cierto sentimiento de irrealidad, de fuga.

La iconografía de la emperatriz da buena cuenta de este universo paralelo —el del viaje— en medio del cual Sissi parecía perderse a placer. En 1858, después de varios embarazos, necesitaba apartarse de la corte de Viena y de la rigidez indoblegable de su etiqueta española.

La reina Victoria le prestó su yate, desde donde, vía Amberes, se trasladó a Madeira. La isla le devolvió el calor, el sol, todos esos factores climáticos ausentes en la corte del emperador, que le procuraron no sólo una recuperación anímica, sino también física.

Mucho se especuló con este viaje y los posteriores que jalonaron la vida de la soberana. Se habló de una incipiente tuberculosis, de una hipotética enfermedad venérea, que le podría haber contagiado su marido, el emperador, también de depresión o de enfermedad psicosomática, cuyo estudio por aquel entonces, bastante antes de la obra de Sigmund Freud, estaba aún en pañales.

Madeira fue una conquista de paz y la concreción de la llegada al paraíso. En 1861 hay una fotografía de Elizabeth con sus damas, todas vestidas de forma informal, casi como colegialas.

Puede verse a Matilde Windischgrätz con un catalejo, mirando a lo lejos, a Helena Taxis sentada en el suelo y a la propia emperatriz sentada mientras toca la mandolina.

No habrá muchos más momentos felices, distendidos como éste, ni demasiadas fotografías reales para ser testigos de ellos.

A menudo, la emperatriz viajaba simplemente para evadirse de sus agobios y responsabilidades cortesanos, otras para rastrear en lugares diferentes alivio y curación para sus males psíquicos y corporales.

Bad Kissingen fue uno de sus destinos habituales en pos de tratamiento para sus edemas y la hinchazón de las piernas. Volvió muchas veces a buscar en la balneoterapia una esperanza de curación para sus numerosos males.

La Costa Azul, cómo no, tradicionalmente refugio de poderosos y desocupados, fue una de las tentaciones viajeras de Sissi. La ventaja de la situación del lugar era que su marido, el emperador, podía visitarla allí con cierta regularidad.

Hay testimonios de visitas de Elizabeth a Cap Martin, Menton o San Remo, en la costa ligur, y material iconográfico de sus visitas a Territet y el palacio Rothschild en esa localidad.

En el sur de Francia se encontró con la emperatriz Eugenia de Montijo, la viuda de Napoleón III, entre los años 1894 y 1897. Se hicieron fotografías, como de costumbre y, como era habitual, Elizabeth aparece siempre fresca y joven, en compañía de una Eugenia de Montijo y un Francisco José en los que la edad ya había empezado a dejar su huella.

La juventud permanente de la reina se explica si se tiene en cuenta que la última fotografía verdadera de la soberana se realizó en 1868 o al año siguiente, cuando Sissi no sobrepasaba los 31 años. Mientras su belleza fascinaba a su entorno, ella empezaba a percibir los primeros indicios de la edad y la decadencia física.

Narcisista, centrada siempre en sí misma y sus circunstancias, la emperatriz expresó a su sobrina, María Larisch: *En cuanto me sienta envejecer, me retiro por completo del mundo. No hay cosa más asquerosa, que volverse poco a poco una momia y no querer dejar de ser joven.*

Quizás más adelante iré siempre con velo y ni siquiera los más cercanos tendrán que ver mi rostro.

De hecho, fue lo que hizo, cumplió su palabra ya que, en años posteriores, fue constante la inclusión de un abanico o una sombrilla para ocultar sus rasgos. La imagen real de la emperatriz empezó cada vez más a menudo a ser ocupada por su sombra.

En noviembre de 1891 el yate *Miramar* la trasladó a Egipto, proveniente de Corfú. Sissi mantenía una vinculación especial con el mundo griego, tal es así, que aprendió sus lenguas, el griego clásico y el contemporáneo, con profesores nativos.

En Egipto pernoctó en el hotel Shepard y beneficiándose de las condiciones climáticas habituales en este país —temperaturas muy suaves en épocas de frío europeo— aprovechó para hacer largas caminatas, como era su costumbre.

Una vez más ocasionó a sus anfitriones dolores de cabeza, ya que era muy difícil establecer una estrategia para vigilar a la soberana, garantizándole a la vez atenciones y seguridad personal para ella y su séquito.

El ministro plenipotenciario austriaco destacado en El Cairo escribió de estas experiencias de Sissi: *La capacidad pedestre de su majestad es tan admirable que la policía secreta había declarado insoportable seguir a la muy regia señora a no ser que se haga en coche.*

En cuanto a Corfú, la isla griega donde la emperatriz mandó construir un palacio de ensueño, el Aquilleion, llamado así por una estatua de Aquiles agonizante, la soberana la llamaba *mein zukunftsland* (mi futuro).

Visitaba la isla casi cada año desde 1887, aunque pronto se cansó del palacio, donde también había hecho instalar un monumento al poeta Heinrich Heine, al que admiraba.

El edificio constaba de 128 habitaciones y fue graciosamente decorado, aunque toda esta magnificencia pictórica fue trasladada con posterioridad a Viena.

Cuando Elizabeth fue asesinada, la villa quedó abandonada y fue adquirida años después por el káiser alemán Guillermo II, que consagró las instalaciones al público.

El Aquilleion pasó a formar parte del patrimonio del Gobierno griego en tiempos posteriores a la Primera Guerra Mundial.

Los últimos testimonios iconográficos de Sissi datan del año de su muerte (1898). Hay instantáneas de un fotógrafo desconocido con su dama de honor, la condesa Irma Sztáray.

Hay también fotografías del vehículo fúnebre que trasladó a Elizabeth delante del hotel Beau Rivage, en Suiza, donde estaba residiendo, así como del coche de caballos que la llevó a su última residencia mortal, en la iglesia de los Capuchinos de Viena, el postrer descanso para los miembros de la dinastía Habsburgo.

Como no podía ser de otra manera, para ensombrecer aún más el luctuoso asesinato, un fotógrafo anónimo realizó una fotografía del asesino anarquista, Luigi Lucheni, que se ahorcó en la cárcel, en 1910. De esta forma se le daba cuerpo real a la imagen del magnicida fantaseado por todos.

Fue para Ida Ferenczy, una de las más cercanas confidentes de la emperatriz, un retrato que Francisco José encargó de su esposa al pintor húngaro Gyula Benczúr.

De él comentaba el emperador a su compañera habitual incluso en vida de la emperatriz, Katharina Schratt: *Es un cuadro maravilloso, la figura excelente y también el rostro, de edad joven, muy similar y con una expresión muy agradable.*

Puede parecer tal vez excéntrica una presentación biográfica que no comienza, como tradicionalmente viene a ser costumbre, por la niñez, la adolescencia y demás hechos vitales contados de forma cronológica.

Se ha escogido aquí una manera menos evidente pero esperamos que igual de esclarecedora de acercarse al personaje, a su época y a la percepción que del mundo y de sí misma exhibía la emperatriz Elizabeth.

La relación que guarda con su imagen, consigo misma y con el rol que su entorno espera que desempeñe durante toda su vida, relatados como una fábula, iluminan la trayectoria de esta soberana única.

Su atractivo fundamental reside, precisamente, en la elección distinta y alternativa de su modo de comportarse y sentir y de mantenerse al margen de las circunstancias que no coincidían con su proyecto vital.

Sissi aparece así como una figura inasible, evanescente, dramática, que facilita a la vez el desconcierto y la empatía del lector y de todo aquel que pueda verse interesado por el personaje.

Porque Elizabeth es no sólo la fantasmagoría de una existencia que diseñó para sí, privada y veladamente, sino también la construcción de una figura pública de la que sólo se transmitieron los destellos de lo que la interesada quería ofrecer a sus súbditos y al gran público.

Como escribe María Pia Perrotta, *dotada de un encanto particular, debido no sólo a su belleza, sino también a su espontaneidad, su fragilidad y al mismo tiempo su fuerza interior, seducía a quien la encontrara y la conociera profundamente, haciéndolo su esclavo para siempre...*

II. LA ÉPOCA DE ELIZABETH. EL TURBULENTO SIGLO XIX

El siglo XIX es un periodo que fue llamado por algunos historiadores *el siglo de las revoluciones*. Efectivamente, con la caída de Napoleón, el Congreso de Viena restablece en 1815 el Antiguo Régimen, condenado sin embargo a la vulnerabilidad política.

Las reivindicaciones de los pueblos (nacionalismos) y de las diferentes clases económicas, políticas y sociales (socialismo, anarquismo, comunismo) empiezan a empujar los ejes tradicionales de la Historia.

Se va formando una clase social que empieza a tomar conciencia de su explotación y de sus necesidades, el proletariado, mientras que la burguesía continúa el ascenso que había comenzado con el triunfo de los ideales de la Revolución Francesa.

Entre ambos estamentos, un grupo humano intermedio de pequeños funcionarios y profesionales en ascenso. Son las clases medias.

A pesar de que en 1815 los estados y las monarquías habían intentado sujetar las reivindicaciones populares, un jalón de revoluciones en 1830, 1848 y 1871 va a marcar el ritmo del siglo. Francia es una vez más la impulsora de estos movimientos, pero consiguen poco a poco extenderse por todo el continente.

La Iglesia y el conservadurismo intentarán frenar estas convulsiones sociopolíticas, pero no se puede retroceder en el tiempo y todo este crisol de cambios llevará sin remedio a la revisión de la situación política y territorial de Europa, que se concretará —de forma violenta— en las dos guerras mundiales y sus consecuencias económicas, geográficas y de población.

El tradicionalismo es un planteamiento filosófico, político y existencial que se vincula a las ideas contrarrevolucionarias y de restauración monárquica. A la vez, defiende las instituciones conocidas, la superioridad o al menos la preponderancia de ciertas razas sobre otras y la religión, entendida como norte espiritual y a la vez poder temporal de las clases y familias hegemónicas.

Esta corriente está representada a lo largo del siglo por diferentes autores y tendencias. Defienden la Restauración, y posteriormente los autores positivistas, como Taine y Comte, refuerzan las ideas conservadoras. Elementos católicos tradicionales ven magnificada su postura por pensadores fieles al poder de la Iglesia de Roma, con papas muy influyentes como León XIII y Pío IX.

Las reivindicaciones burguesas de la Revolución Francesa siguen encontrando eco en un liberalismo que abarca todos los niveles de la sociedad de la época.

Se reivindican la libertad, igualdad y fraternidad, los viejos ideales de la Revolución, pero, como dice Orwell, *siempre hay algunos (ciudadanos) más iguales que otros.*

El liberalismo rompe una lanza a favor de un Estado no intervencionista en lo económico y social, intenta el control del poder mediante la división que estableciera Montesquieu, pero mantiene un cierto estatismo a favor de la burguesía que conquistó el poder a finales del siglo XVIII. Entre sus teóricos más destacados se puede citar a J. Stuart Mill, Bentham y Tocqueville.

Con pocas variaciones, redefiniendo el poder del mercado y ajustando su filosofía a la evolución de los tiempos, el liberalismo como fuerza ideológica e individualista sobrevive hasta nuestros días.

El verdadero movimiento igualitario ambiciona superar el liberalismo, reclamando conquistas sociales como el sufragio universal, que inaugura Francia en 1848 y se vuelve a redefinir el papel de la educación, que tanto espacio político y filosófico había ocupado en el siglo de la Ilustración.

Al margen del tradicionalismo filosófico de los positivistas, con su desmedida confianza en la ciencia orientada al servicio de la burguesía, aparece el igualitarismo en el siglo XIX, que cobra un auge inusitado a partir de la Revolución de 1848.

La Revolución Industrial se desarrolla al mismo tiempo que los movimientos sociopolíticos de vanguardia y de clase, socialismo, comunismo y anarquismo.

Sin tener que retroceder hasta los filósofos griegos para bucear en los orígenes de estas nuevas —viejas— ideas de igualdad y solidaridad, se puede considerar a Rousseau como un precursor más o menos utópico del cambio social, aunque en Francia también destacan autores como Fourier o Saint Simon.

El anarquismo nos resulta en esta obra particularmente interesante porque fue precisamente un anarquista el que acabó con la vida de la emperatriz Elizabeth.

Sus defensores e ideólogos más conocidos son Kropotkin y Bakunin, aunque muy a menudo dejaron el mundo de las reivindicaciones teóricas para pasar a la acción violenta, como fue el caso de Lucheni. Pero volveremos, hablando del magnicidio del italiano, sobre este tema.

El nacionalismo, que entronca también con las ideas románticas, tiene influencia en la historia de Austria, porque fue un defensor de estas ideas, Princip, el que acabó con la vida del heredero del Imperio austrohúngaro, hecho que dio paso a la Primera Guerra Mundial.

Es una de las causas evidentes del cambio en el siglo, ya que los pueblos reivindican el derecho a liberarse de las cadenas de sus opresores seculares para tomar su propio camino.

Es al comienzo del siglo XIX, cuando se produce la independencia de las colonias americanas de España, el comienzo del resquebrajamiento del Imperio turco.

Poco a poco Italia (1861) y Alemania (1871) van sacudiéndose el yugo de sus viejas estructuras políticas para organizar sus intereses en el contexto de una nación nueva.

El nacionalismo toma una forma diferente en cada país, en cada territorio y dibuja una andadura que lo llevará a partir de mediados del siglo a diseñar el nuevo mapa del colonialismo.

Francia, Inglaterra, Alemania en Europa y Japón y Estados Unidos se reparten mayoritariamente el mundo conocido sobre una mesa de despacho, negociando o por la fuerza.

El país que aglutina tras de sí todos los proyectos coloniales es Inglaterra, representado durante décadas por el continuismo político y el expansionismo territorial de la reina Victoria.

Alemania ofrece un rostro nuevo a la expansión, escogiendo una ampliación territorial más cercana a sus territorios originarios y dejando la parte colonial del león al resto de sus contrincantes.

Se está gestando el pangermanismo y una concepción del espacio físico y político cada vez más agresiva dentro de Europa. La única salida visible es la confrontación armada.

Y sin embargo, el siglo XIX había comenzado lleno de buenas intenciones. Las perspectivas culturales hacían pensar en que la humanidad se orientaría hacia otros derroteros.

El Romanticismo había vuelto la mirada sobre las necesidades y los sueños del individuo, en consonancia con la naturaleza, donde no quedaba relegada la búsqueda de la felicidad a que nos habían acostumbrado los pensadores de la Enciclopedia.

El prerromanticismo aparece ya a finales del siglo XVIII en Francia, con Rousseau (*Ensoñaciones del paseante solitario*) y Chateaubriand, en Inglaterra con Byron y Walter Scott, en Francia con Alfred de Musset, Alfred de Vigny, Victor Hugo, George Sand y tantos otros.

España tiene a Larra, a Zorrilla y a Espronceda, Alemania a Schiller, Goethe y Heine, Rusia a Pushkin y otros autores, Italia a Leopardi.

El Romanticismo se extiende por el continente europeo e irradia hacia América, donde encuentra un correlato peculiar y propio determinado por lo telúrico.

El culto del espíritu del pueblo apoyará la expansión del nacionalismo como idea y como derecho de las naciones y etnias a defender sus propias tradiciones. En Europa, a día de hoy, seguimos en esa situación.

Hay una reivindicación de épocas anteriormente consideradas bárbaras, como la Edad Media, que vuelve con fuerza en las novelas de Hugo o de Scott, pero también por Grecia, y no resulta extraño que todo este movimiento acabe instituyendo la vuelta al culto del héroe, a la manera de los personajes clásicos de Homero.

Hay mucho de todas estas ideas en la postura que Sissi toma ante la vida y la cultura, una apropiación intelectual de personajes, ideas y autores que no están alejados de la moda contemporánea.

En ese sentido, y a pesar de sus conocidas extravagancias, la emperatriz sigue siendo una mujer circunscrita a su época.

El Romanticismo muere por su propia individualidad e intento de cercenar su vinculación con lo social, lo solidariamente grupal. La sociedad necesita otro tipo de espejo en el que mirarse, vistos los cambios producidos por el avance de una nueva concepción política y filosófica del ser humano.

A partir de 1830, el Realismo mejora esa necesidad de identificación del ciudadano con la cultura. Flaubert se convierte en un hito, así como Balzac y Zola, posteriormente, con el Naturalismo francés, que denuncia la injusticia social y la situación de los menos favorecidos.

Sin olvidar los avatares del *caso Dreyfus* en una Europa donde se asiste al ascenso del antisemitismo y del sionismo, personificado en las ideas y la propaganda de Herzl.

El arte rompe antiguos esquemas de ver el mundo, sale al exterior y se atreve con el desnudo y la intimidad de la mujer, que habían estado secuestrados en la pintura de interior, de caballete. Llegan los impresionistas con un acercamiento renovado del entorno cotidiano.

La historia y la geografía también cambian de piel. La primera, con aportaciones como la de Michelet o Burckhardt; la segunda, con precursores de la talla de Humboldt.

Darwin y Lamarck revolucionan la concepción de la evolución humana, haciendo posible que el ser humano pierda definitivamente su estatus de rey de la creación al emparentar con el mono.

En psicología, Wundt funda el primer laboratorio de psicología experimental (1879), pero será Sigmund Freud, que empezó trabajando con Charcot en París, quien imponga un giro copernicano a la idea del hombre con el descubrimiento de su teoría del inconsciente, consagrada en 1900 con la publicación de *La interpretación de los sueños*.

A la luz de estos últimos descubrimientos psicológicos del siglo, las peculiaridades del carácter de Sissi pueden enfocarse desde otra perspectiva.

La filosofía no se queda atrás en los cambios y el XIX ve la aparición de nuevos modelos filosóficos, de la mano de Kant, Fichte, Schelling, Hegel, Schopenhauer, Marx y Nietzsche.

La música acompaña la ruptura del modelo clásico representado por compositores como Mozart o Haydn, para dar paso al lirismo de Beethoven, Schubert, Mozart, Chopin, Liszt o Brahms, donde también se recogen las aspiraciones folklóricas de los pueblos, su hambre de libertad y la exaltación del *yo* del artista.

El modelo científico también se despoja de los oropeles del pasado y adquiere una relevancia incuestionable el paradigma de la ciencia físico-matemática.

Entre el comienzo del siglo y los primeros años del siglo XX, la física avanza de una forma imparable, con los trabajos de Faraday, Röntgen, Rutherford, Bohr, Planck y sobre todo Einstein, con su *Teoría de la relatividad*.

El cerebro humano avanza imparable, pero las dos guerras mundiales están a la vuelta de la esquina, para recordarle que no es omnipotente y que es, como dijo Freud —con un estilo un tanto escandaloso—, un *dios con prótesis*.

Intentando resumir —si es posible hacerlo— la complejidad del siglo XIX, se podría decir que se trata de un periodo convulso y a la vez rico para el crecimiento humano.

Pero la pujanza de las ideas de sus filósofos y sus sistemas de pensamiento, el Idealismo romántico alemán, el Positivismo, las doctrinas de Marx y Hegel, la energía de Nietzsche, no pueden contrarrestar el declive de un continente que se desliza hacia la decadencia y la guerra.

Existe la conciencia de que, terminando el siglo, hay también un raro ciclo que se cierra, con el anuncio de un colapso insostenible y violento. La crisis se manifiesta en lo que Spengler dio en llamar *ocaso;* Weber, *desencantamiento del mundo;* y Nietzsche, *nihilismo.*

Los pensadores, testigos de la tragedia del siglo XX, intentarán volver la vista atrás para rastrear en los estertores de Europa la desaparición definitiva de la seducción de Dionisos.

El caso de Austria

Con este esquema continental más o menos generalizable al entorno que nos interesa para situar las experiencias vitales de Elizabeth de Austria, se pueden incluir algunos apuntes sobre la realidad específica del Imperio austrohúngaro.

La Revolución de 1848 también significó un vuelco en la política del Imperio. De alguna manera, se rompió la ilusión de una continuidad sin sobresaltos y ad infinitum.

Hubo una represión feroz, de la que no estuvieron ausentes los ajusticiamientos y los castigos ejemplarizantes a los súbditos descontentos.

Habían pasado los tiempos del Biedermeir, ese periodo que dio también nombre a un estilo artístico, caracterizado por un cierto estancamiento, entre los años que siguieron el final del Congreso de Viena (1815) hasta los movimientos revolucionarios.

La situación social de los trabajadores era de auténtica explotación, no había derechos de ningún tipo y no hace falta recordar los episodios de *Germinal,* de Zola, para hacerse una idea de la vida cotidiana de los más pobres.

Mientras ocurría esto a las clases menos pudientes, una princesita bávara seguía soñando con una vida romántica y deshojando la margarita de sus deseos y de su insatisfacción crónica.

El aspecto arquitectónico cambió dramáticamente, dejó su aspecto feudal, de bastión defensivo, para concentrar todo el esfuerzo de la modernidad alrededor de la *Ringstrasse,* como cuenta Schorske, en su obra *Viena fin de siglo.*

La situación de pobreza e injusticia social provocó el nacimiento de los primeros agrupamientos obreros, pero la represión a menudo era cruenta y no había ninguna posibilidad de negociar con el gobierno.

En 1874 se fundó el Partido Socialdemócrata Austriaco, reivindicando la separación Iglesia-Estado y las mejoras en la situación laboral de los trabajadores.

Lejos de las ciudades, el campesinado sigue anclado en el modelo feudal que se mantenía todavía a pie juntillas en la Rusia zarista, pero la diferencia entre las distintas nacionalidades que vivían bajo la bandera del Imperio eran muy elocuentes y se discriminaba a las poblaciones por su origen.

En un periodo en que está desarrollándose el proceso contra un militar judío conocido como el *caso Dreyfus*, en Francia, una película sobre el caso del coronel Redl, con Karl María Brandauer, muestra el difícil ascenso de un militar del Imperio austrohúngaro de origen judío, proveniente de Galitzia. Su nueva posición social, en el entorno del poder, puede considerarse milagrosa y paradigmática.

Redl fue considerado por sus pares homosexual y sospechoso de espionaje y se convirtió en cabeza de turco de unas maniobras políticas en altas instancias, donde un judío ruteno podía servir para encauzar los odios sociales o distraer la atención del público de los verdaderos problemas políticos del día.

Pero al final de la historia, el orden se restablece y cada estamento social recupera su equilibrio y sus reglas de actuación. Redl, llevado por una ambición que no encuentra cabida en el medio social en el que se desarrolla y una personalidad patológica y extremadamente ávida que no conoce los límites, se ve abocado al suicidio, para evitarse el oprobio de un juicio escandaloso y un posterior ajusticiamiento militar.

Mientras los compases del vals acrecientan la voluntad de aislarse de la realidad de la sociedad gobernante austriaca, Alemania crece más cada vez, en consonancia con su proyecto hegemónico.

Los intereses de Napoleón III también se imponen sobre la cordura y el equilibrio europeos.

32

Austria comienza un ataque contra el Reino Sardo, aliado a la sazón del II Imperio francés. Corre la sangre y Austria debe entregar el Milanesado.

La batalla de Solferino, de una extrema crueldad, inspira a Henri Dunant, un benefactor suizo, para organizar posteriormente las bases de lo que sería la Cruz Roja.

Garibaldi, el patriota italiano, paradigma del héroe moderno que lucha por las libertades de su tierra y de su gente, consigue victorias llamativas en el sur de Italia. Los soberanos reinantes, extranjeros, tuvieron que abandonar sus coronas.

Hubo también una lucha con Prusia, en ascenso, en 1866. Bismarck se convierte en el árbitro de la política europea y de un predominio germánico que no hace más que crecer. La propia capital vienesa se ve amenazada.

Sissi tuvo que intervenir para socorrer a los desplazados y heridos de la guerra. El modelo imperial austriaco demostraba fehacientemente que hacía agua por todas partes. Entre los cambios que se producirán, hay que subrayar, una vez más, el nacimiento de la monarquía dual.

Austria se orienta hacia un eje favorable a Alemania, situación que se mantendrá de forma más o menos voluntaria (*Anexión*, en la Segunda Guerra Mundial) hasta 1945. El nombramiento del conde Andrassy favoreció aún más la alianza germano-austriaca, a la que posteriormente se uniría Italia.

El Estado de Francisco José, sea como fuere, mantenía su preponderancia política, ocupando un lugar más que respetable en el concierto de las potencias europeas, con una población (formada por diferentes etnias y regiones) de alrededor de 53 millones de habitantes.

Viena adquiría cada vez más prestigio como capital y sede de un movimiento cultural en aumento, con pintores, arquitectos, escritores y músicos en la vanguardia europea.

Aunque hay opiniones diferentes, como la de Joachim Riedl, que en *Viena infame y genial*, escribe: *Viena es infame y genial, es tramposa y ocultadora, es libertaria y denigrantemente pronazi.*

Tal vez por eso el recurso a los mitos, porque a fin de cuentas los mitos... naturalizando lo que es historia... son el teatro de nuestra más íntima tragedia.

Otros autores relacionan a uno de los fetiches de Viena, su emperatriz, con la corteza de la ciudad, como José Miguel Marinas, cuando escribe en *La ciudad y la esfinge*: *La Viena que no pudo ocultar las cabalgadas compulsivas de la bella anoréxica, audaz, húngara voluntaria, imparable antorcha a la que, no sabemos bien por qué seguimos llamando Sissi.*

Más adelante en su libro, el mismo escritor trata de estructurar la situación social de la sociedad decadente vienesa, al filo del fin de siglo: *... en Viena, la gente es identificada a tenor de la pregunta de quién eres. Sexo, edad, hábitat, etnia y sobre todo estamento de pertenencia parecen realidades inmutables, cuasi naturales.*

Marinas define la sociedad a partir del mercado y el consumo, y por lo tanto expresa: *En este modo de vida estallarán las contradicciones más potentes entre el mandato productivista y el mandato del disfrute.*

En realidad, la urbe tiene una meta ambigua, moviéndose entre la elegancia, el elitismo y la excelencia, mientras se cuelan por las rendijas del desasosiego que precede las grandes catástrofes un entramado de ausencia de responsabilidad, el sentido del espectáculo narcisista y la transgresión, a la vez que se cierra el círculo que apaga el último relumbrón del Imperio.

Viena es también la metáfora de la existencia de Sissi: un fenómeno que pasa por el vaciamiento del imperativo moral, de la responsabilidad individual y social, el abandono de los usos y costumbres habituales, la falta de límite, el proyecto vital vivido desde la carencia, la búsqueda compulsiva de una libertad y un espacio propio que siempre se hurtan a la voluntad de la emperatriz y de su entorno.

En el caleidoscopio del Imperio y su capital vuelven a aparecer los conflictos religiosos. Austria es uno de los bastiones del catolicismo, pero tiene una población emergente de origen judío, que empieza a querer ocupar una identidad en la constelación de oportunidades que ofrece el Estado, a veces actuando desde la disidencia.

Uno de los grandes exégetas de la época, verdadero traductor de las contradicciones de la clase media y la nobleza austrohúngara es Sigmund Freud, judío, el eminente médico vienés que muy pronto abandonó el ejercicio ortodoxo de la profesión médica para bucear en los territorios procelosos de la psique humana.

En *El malestar de la cultura* (1929,30), Freud escribe: ... *al hombre no le resulta fácil renunciar a la satisfacción de esas tendencias agresivas suyas... En cierta ocasión me ocupé en el fenómeno de que las comunidades vecinas, y aun emparentadas, son precisamente las que más se combaten y desdeñan entre sí. Denominé a este fenómeno narcisismo de las pequeñas diferencias.*

Freud indaga en la problemática que a un nivel general se identifica con los traumas del Imperio y a nivel individual con los que sufren las personas que viven en ese entorno disolvente y en decadencia.

El problema de la agresión se relaciona también con tres de los conceptos freudianos: el *eros* (amor), el *tanatos* (el espíritu de la muerte) y la *libido* (el placer).

En el fondo, reconoce el médico vienés, todos los conflictos se presentan como la eterna lucha por salvar el placer, la vida y dejar de lado las tentaciones de autoaniquilación para evitar el sufrimiento y la muerte.

Pero, justamente, la vida, la muerte y el placer no son conceptos descarnados. Se vinculan a lo que somos, a la forma que tenemos de ver la vida y de relacionarnos con los demás.

Son nuestra proyección futura y la historia de nuestro pasado. Lo que hemos construido y lo que podemos reducir a escombros. Sissi sabía mucho de esto.

El malestar forma parte de los libros en que Freud reflexiona más profundamente sobre los problemas sociales, a la vista de lo que ha sido su experiencia personal y en la clínica y también como testigo de la debacle de la Primera Guerra Mundial.

La religión también le preocupa. En 1927 escribe *El porvenir de una ilusión*. El siglo XIX parece diversificado desde un punto de vista religioso. Austria —como dijimos— es uno de los refugios del catolicismo no como una tradición o una entelequia, sino como un hecho de fe real integrado en la vida cotidiana. Y en la rutina de la corte.

La religión es efectivamente uno de los grandes temas del siglo. Schorske analiza la figura de Georg von Schonerer entre los pangermanistas, la de Kart Lueger, como socialcristiano, y dedica buena parte de su trabajo a Theodor Herzl, que fue *el primero en proponer a las víctimas de Hitler la más conmovedora y poderosa respuesta política ideada ante el reino del terror.*

Liberal culto, Herzl intentó diseñar una nueva vida para el pueblo judío a través de la creación de un Estado (hoy vemos que sus sueños de visionario se cumplieron, aunque no exactamente en las condiciones que él había propuesto).

Había nacido y se había educado en Budapest, pero no por esto dejaba de ser un buen vienés. De familia próspera, ilustrada, organizó una ateneo literario alemán llamado Nosotros destinado a agrandar la cultura de sus integrantes.

Los judíos vieneses eran, como muchos de sus semejantes, comerciantes, pero también accedían al saber que se administraba en la universidad y al poder que un título confería por aquellas épocas.

Personalidad compleja, su influencia fue enorme en la Viena de la segunda mitad del siglo XIX.

En *El estado judío,* su primera propuesta política, publicado en 1896, Herzl explora los mejores métodos para movilizar a las masas. Y no está de acuerdo con el proyecto de los filántropos judíos para colonizar, apelando al interés personal y mediante incentivos financieros.

La trayectoria y la herencia de Theodor Herzl son tan complejas como la lucha del pueblo al que intentó representar y encauzar.

Sin embargo, Schorke piensa que *el hecho de que abrazara la política de nuevo tono con el propósito de salvar a los judíos de*

36

sus consecuencias en el mundo gentil no borra la afinidad de Herzl con sus antagonistas.

Todos, a su manera, fueron hijos rebeldes de la cultura austroliberal, una cultura que podía satisfacer la mente pero dejar hambrienta el alma de una población que aún amaba el recuerdo de un sistema social prerracionalista.

Hubo muchos artistas y pensadores, creadores judíos en la Viena del Imperio. No se les ha dedicado la importancia que merecen en el nudo gordiano de los conflictos de esa época.

Ninguno de estos vieneses, ni siquiera Mahler, después de su conversión al catolicismo para poder dirigir la Filarmónica de Viena, dejaron de sentir como judíos.

Y así Otto Weininger, que se suicidó sumido en un océano de contradicciones, dedica en su libro *Sexo y carácter* un capítulo entero al pueblo hebreo.

Compara el ser judío con el ser femenino para decir que *el judaísmo no es identificable con la feminidad.* E intenta un tanto penosamente abrirse paso en unas disquisiciones que van desde la antropología primaria hasta la más absoluta perplejidad.

Así habla del *judío como polo opuesto del héroe*, de cristianismo y judaísmo y se enzarza en unas cuestiones por demás espinosas: *El fundador de religiones realiza una purificación de sí mismo partiendo del delito y la irreligiosidad.*

Sólo en él tiene lugar un completo renacimiento. El fundador de religiones es el individuo que tiene más profundo sentimiento de culpa. Cristo ha triunfado sobre su propio judaísmo, derrotar al judaísmo es la necesidad de todo fundador de religiones, y así sigue.

En cierta forma serviría de corolario para las preocupaciones religiosas de los ciudadanos del Imperio austrohúngaro, la certeza de que las vivencias de los vieneses liberales, judíos, pro germanos y otros de finales del siglo XIX, no están tan alejadas de los fantasmas que seguimos alimentando con esmero en el siglo XXI.

La emperatriz se pregunta siempre en sus crisis de espiritualidad por el hecho religioso. Elizabeth piensa realmente cuando muere Rodolfo que *más allá no hay nada*, pero sigue repitiendo los rituales que la llevan a misa, a comulgar, a comunicarse con Dios, que seguramente resulta para sus peticiones más sordo y más heterodoxo de lo que reclama la fe católica y su fervor religioso.

El párrafo que sigue a continuación, también del psicoanalista vienés, podría aplicarse perfectamente a la desintegración espiritual de la reina de Hungría. Freud subraya: *Todo individuo es en potencia un enemigo de la civilización... La gente siente como una pesada carga los sacrificios que la civilización espera de ellos para hacer posible la vida en común.*

Como reflexiona Leahey: *Se trata de la infelicidad del hombre civilizado.* La emperatriz le da demasiadas vueltas a las cosas. Trata de organizarse el rompecabezas de su existencia para llegar a la consecuencia de que se trata de un proyecto imposible, porque su imperativo vital no responde a los mismos códigos que se ejercen para el común de los mortales.

De hecho, parece comprobarse también en Sissi, tan sofisticada, tan etérea y alejada del entramado de la realidad, que el hombre y la mujer son menos felices que el primitivo y que a mayor civilización, más inalcanzable es la felicidad humana.

El *malestar* ha sido retomado por autores como Erich Fromm, que señaló que el paradigma occidental es neurótico y proponen alguna utopía, como el socialismo.

Otros, como Norman Brown, sugieren el retorno al universo de la infancia, donde el ser humano se rige exclusivamente por el principio del placer.

De hecho, la emperatriz siempre se esfuerza por retomar el camino de la niñez, volviendo físicamente a los lugares donde fue feliz, como Possenhofen, o enlazando un viaje con otro, porque en los traslados se detiene el tiempo o la dimensión espacial nos permite aislarnos del entorno que detestamos.

En las épocas de convulsión sociopolítica se agudizan las contradicciones de las personas y parece que los interrogantes vitales no acaban de encajar.

En la exposición *Viena 1900*, que recorrió el mundo, se podía asistir a la exhibición de un cuadro de la emperatriz Elizabeth de Baviera pintado por Winterhalter.

Es el retrato de todo un periodo que —como escribe Schorske y también Lipovetski en *La era del vacío*— se desliza. Se desliza hacia la disolución y hacia la ruina.

Recorriendo la exposición se podía asistir a la contemplación de esos pequeños objetos que regalaban los ojos y el sentido estético de los vieneses de pro.

La ropa femenina, confeccionada mucho antes de la estética del *prêt-à-porter*, se veía diseñada cuidadosamente a medida. Ceñida la cintura y el talle, altos los tacones. Adivinándose los corsés y las sujeciones internas que también torturaban la mente de las mujeres europeas de por entonces.

Como demostró Klimt en sus retratos de damas pudientes de encargo, la mujer por entonces sólo podía dar una imagen (espejo deformado de la realidad) de hieratismo, como si mirara la cámara de un desconocido por obligación.

Una especie de pintura egipcia impertérrita ante lo doméstico y también ante los acontecimientos de la Historia.

Sissi ya se encuentra, a pesar de sus miriñaques y sus polizones, en la prefiguración de esa mujer libre de los años 20, entre la neurosis y la despreocupación que le provoca un mundo que sabe en quiebra.

A partir de 1900, pero Sissi ya no podrá verlo, se acortan las faldas, se deja de lado el exceso de enaguas, de artificio. Y los años de entreguerras se volverán a mostrar, libres, como antes durante el periodo disoluto y relajado que siguió a Thermidor y que acabó con la sangrienta violencia de los incorruptibles de la Revolución Francesa.

Tiempos de muerte, de pérdidas, enmarcados por las sombras de un porvenir que se extravía en el conflicto, en la guerra.

Se abandona el lirismo y la filosofía de *boudoir* —como diría el marqués de Sade—. La mujer y el hombre salen a la calle y se proletariza todo. Se sofistica también quien quiere y quien puede.

De la antigua Viena, capital de un Imperio que fue poderoso, ya no quedan ni los valses, ni las *czardas* húngaras, ni los ecos atormentados de Mayerling. Los susurros se suceden en la *Cripta de los Capuchinos*, de Schnitzler, panteón de los Habsburgo que ya no volverán a reinar. *La marcha a Radetzky* de Joseph Roth también recoge el clima enrarecido de esa época.

Sin embargo, el interminable reinado de Francisco José fue partero de muchas historias y, paradójicamente, de un desarrollo cultural nacido del sentimiento de desilusión existencial.

Esta decadencia sociopolítica evidente no se corresponde con la fuerza proteica de Austria y su capital en el lapso de entreguerras. Viena continuó siendo un enclave centrífugo e intelectual en la vieja Europa.

Algunas de las obras maestras de la literatura del siglo XX tienen su origen intelectual o histórico en la segunda mitad de siglo XIX. Son de esta etapa la obra de Kart Graus, de Herman Broch, *El hombre sin atributos* de Musil, *El proceso* de Kafka.

La novela de Musil es a la vez un correlato alucinado del ocaso de la monarquía austrohúngara y un contraproyecto utópico del mundo.

Esta obra, que quedó incompleta, es en la actualidad considerada un paradigma de la filiación futura de la novela como género. Prefigura la estética literaria de Proust, de Joyce, de Virginia Woolf.

La alta burguesía de la preguerra había encontrado también en Schnitzler, como dijimos, su más auténtico creador dramático, mientras la pequeña burguesía del periodo de entreguerras lo tuvo en Odon von Horvath.

Franz Werfel escribe en Viena, Stefan Zweig produce sus manifestaciones literarias en Salzburgo y alcanzaba su máximo relumbrón el arte de Josef Weinheber.

De este periodo primigenio y gestor de arte y literatura, emergen las constelaciones de Elias Canetti, Sperber, Saiko y Torberg.

El germen del proyecto arquitectónico de Walter Gropius se plasmó en la construcción funcional y acorde con los materiales utilizados, en 1919, en Weimar, con el propósito de lograr una unidad entre todas las artes plásticas bajo el énfasis de la arquitectura y dejó en Austria propuestas notables.

En música, el Imperio fue génesis de creadores. Superada definitivamente la música concebida como un pasatiempo despreocupado y festivo de los Strauss y su eterno rival, Laner, y otros, la repercusión histórica más duradera vino de los discípulos de Schönberg y del propio compositor Anton Webern y Alban Berg.

Frente a esta música compleja, casi de culto, autores que nacieron en la época de la emperatriz, dedicaron sus esfuerzos a plasmar personajes de su tiempo.

Fritz Kreisler había nacido en 1875 en Viena y era de origen judío. Viajó bastante y en los años treinta del siglo XX se propuso escribir una opereta —género tradicional en el Imperio— dedicada a Sissi.

El libreto era de los hermanos Marischka. Fue presentada en 1932 con una buena recepción por parte del público. La partitura aseguraba en parte la continuidad de la burbujeante música de la época gloriosa de los valses.

Muchos años después, en 1992, se estrena una comedia musical que tiene como centro el personaje de la famosa emperatriz. Los autores son Silvestre Levay, de la música y Michael Kunze, del texto.

El compositor es húngaro y el argumento gira en torno a diversas épocas de la vida de Sissi. Desfilan por la obra los hitos biográficos que determinaron la personalidad de la emperatriz. No faltan sus filias y sus fobias, pero la diva absoluta de la comedia musical es la Muerte.

Compañera infatigable de Elizabeth a lo largo de su existencia, siempre ha estado presente. La quiebra psicológica de la emperatriz comienza muy pronto. Un enfoque organicista haría responsable a los genes de los Wittelsbach y los Habsburgo, excesivamente interrelacionados por matrimonios de conveniencia diseñados por el interés de Estado.

Esta ambigüedad *eros-tánatos* (amor/vida-muerte) es una dupla que reluce cuando se refleja en el espejo del proyecto vital de

41

Elizabeth. Su belleza, que ella siente como efímera y caduca, lleva impreso en su seno el estigma de la muerte.

Pilles Néret, en su obra sobre Klimt (1862-1918), está de acuerdo con estos planteamientos cuando escribe: *De este laboratorio brota también el arte de Klimt, cuyas visiones de su mundo están regadas de vida, y al mismo tiempo son siempre conscientes de la muerte... Pero la mayor fascinación la ejerce la belleza de las mujeres.*

Todo arte es erótico, declara Adolf Loos en *Ornamento y crimen: Mucho antes de que la Historia atribuyera al Expresionismo y al Surrealismo el mérito de haber expuesto abiertamente la sexualidad en el campo del arte, ya Klimt había convertido el tema en su credo... La atmósfera de Viena, indolente y exaltada a un tiempo, incita ostensiblemente a poner en escena el erotismo como elemento determinante de la mujer.*

El repertorio de Klimt es un laboratorio alquímico erotizado, lo cual da lugar a no pocos escándalos en una Viena sumida en la típica represión al estilo victoriano.

El programa del movimiento artístico conocido como Secesión es claro en sus manifestaciones y representa la contrapropuesta modernista contra una pléyade de modelos academicistas y envejecidos.

Citando una vez más a Néret, puede leerse: *Klimt, quien bajo la lectura de Schopenhauer y Nietzsche buscaba resolver a su manera la incógnita metafísica de la existencia humana y expresar el desconcierto del hombre moderno, había dado la vuelta a la moneda.*

No había dudado en tratar temas tabú como la enfermedad, la decadencia del cuerpo, la pobreza en toda su fealdad, mientras hasta entonces había sido costumbre sublimar la realidad, idealizarla solapadamente.

En este entramado sobre la obra de Klimt, resuenan ecos de la carcasa del Imperio y de la vida de Sissi.

Como escribe Joseph Roth, en *La cripta de los capuchinos: Quizás dormitaban en la oculta profundidad de nuestra alma aquellas certidumbres que suelen llamarse presentimientos, sobre todo la seguridad de que el viejo emperador moría con cada día más que vivía y con él la monarquía...*

Surgía un placer insensato en todas las afirmaciones de la vida: en los bailes, en los vinos nuevos, en las chicas,… en las locuras de todo tipo… o en la ironía suicida.

A estas alturas habría que preguntarse: ¿el final de un mundo consigue, sin embargo, alumbrar el germen de otro? ¿La decadencia del Imperio es un renacimiento?

La autodestrucción generalizada, en lo privado, en lo público, funciona como una matriz fértil que consigue dar a luz otro orden, o tal vez, se trate realmente de un desorden, pero envuelto en una luminosidad renovada, desconocida o perdida hasta entonces.

La propia Elizabeth expresa esta dualidad desde la dolorosa convicción de una felicidad inhallable: *El pensamiento de la muerte purifica y es como un jardinero que arranca las malas hierbas de su jardín.*

Pero este jardín quiere estar siempre solo y se enfada si los curiosos acechan por encima de los muros. Por eso yo oculto mi rostro detrás de mi sombrilla o de mi abanico, para que el pensamiento de la muerte obre en mí en paz.

La personalidad de Sissi, aunque ella no lo supiera o lo negara, estaba dramáticamente circunscrita a su tiempo.

El papel de la monarquía austrohúngara, en muchas ocasiones fuera de la realidad para solidarizarse con el sufrimiento de unos súbditos agotados por los avatares bélicos y económicos de la época, lleva ya en su seno el germen de la descomposición y el anuncio de otro ciclo político. Pero lo arropan los artistas, los pensadores, los sabios de su época.

Como Klimt, los últimos fulgores del Imperio permiten al ser humano, afirma Néret, ya citado, *recrear la magnificencia del paraíso perdido, donde el hombre, condenado a una prosperidad transitoria, puede disfrutar momentos de la más sublime felicidad antes de volver a sumergirse en el eterno ciclo vital de la naturaleza.*

Mientras, por su parte, Sissi suspira por la frustración de unos deseos siempre insatisfechos y corre detrás de un ideal de belleza y de goce inalcanzable y efímero, el pueblo llano soporta el peso del boato imperial y sus intenciones expansionistas.

III. LA VIDA NADA CONVENCIONAL DE SISSI. LOS AÑOS DE INFANCIA Y ADOLESCENCIA

Mujer adelantada para su tiempo, por su trayectoria, su forma de vivir y sus deseos, soberana de muchos pueblos a los que fascinó desde el claroscuro de una presencia evanescente y a menudo apenas insinuada, la narración de su vida hubiera podido parecerse a un cuento de hadas.

Pero faltaron el final feliz y una serie de acontecimientos placenteros. La que podría haber sido una historia benéfica se vio jalonada por muertes, desapariciones, nostalgias y enfermedades.

Desde muy pronto en su vida comenzaron los malos presagios. Se casó por amor con uno de sus primos hermanos, ya que Francisco José era el hijo de la hermana de su madre, pero ni siquiera los lazos consanguíneos tan cercanos la pusieron a cubierto de los sinsabores matrimoniales, en unos comienzos donde la suegra, y no los recién casados, diseñó el qué y el cómo de los jóvenes soberanos.

Sofía era una madre política que bien podría haber sido la madrastra de una historia sin concesiones al sentimentalismo. En ella primaban sobre todas las cosas el sentido del deber y la razón de Estado.

La archiduquesa había sido obligada a casarse con Francisco Carlos, que no tenía unas cualidades excepcionales como consorte, pero con quien se acomodó en un matrimonio a la usanza de la época, que tuvo cuatro hijos.

Sin embargo, algo de dulzura engendraba el corazón de la joven. Decidió proteger a un desairado de la Historia, abandonado

45

por la suerte y su familia más directa, incluida su madre. Se trataba del *Aguilucho,* el duque de Reichstadt, hijo de Napoleón y de María Luisa de Austria, a quien cuidó hasta su muerte prematura en Viena.

Más adelante, endurecida, toma las riendas del poder, cuando sustituye, en la práctica, a un emperador debilitado e incapaz, su cuñado Fernando, que no conseguía mantener con firmeza el timón del país.

Metternich también ocupa un papel relevante, hasta antes de la Revolución de 1848, pero Sofía y el primer ministro no se tienen ningún aprecio.

1848 es el momento que marca el levantamiento en Europa de las nacionalidades. La archiduquesa aprovecha la circunstancia para deshacerse de Metternich, su enemigo más tradicional, que debe hacer frente al levantamiento del reino Lombardo-Véneto.

Hungría también se conmociona con deseos de libertad e independencia. La familia imperial debe abandonar el palacio del Hofburg, mientras Kossuth, a la cabeza del movimiento contra los Habsburgo, intenta hacerse con la situación.

Sofía aprovecha la situación para desplazar a los incapaces del Imperio y ve la oportunidad de colocar a su propio hijo, Francisco José, al frente del Estado.

El nuevo gobernante tiene 18 años y deberá encargarse de las purgas a los insurrectos: a Italia se envía al mariscal Radetzky, que reconduce la situación. En Hungría Haynau fusila y manda a prisión a los nobles sublevados. Gyula Andrassy, futuro amigo íntimo de Sissi, salva la vida por poco, pero llevará siempre el apelativo del *Bello Ahorcado.*

Es el momento de recordar la vieja leyenda que recuerda al país sus obligaciones: *Tu, felix Austria, nube.*

Se vislumbra con cada vez mayor claridad el ascenso imparable de la potencia prusiana, por lo que para el Imperio austro-húngaro se impone la necesidad de renovar alianzas matrimoniales.

La archiduquesa Sofía había mantenido los hilos del poder en movimiento, pero no pudo controlar la decisión del heredero de

46

casarse con la menos adecuada de sus primas hermanas. Ésa fue otra buena excusa para que la suegra no dejara nunca de lado su influencia en los asuntos de Estado.

Y decidió cómo Sissi debía ser y cómo debía comportarse mientras estuviera a su alcance, en Viena. Por eso la joven soberana decidió partir una y otra vez. La única posibilidad de defender sus propios deseos era mantenerse fuera del alcance de la corte y de la familia directa.

Esto la llevó a una errática y ambigua relación con su esposo, el emperador, de quien sin embargo se casó muy enamorada. Sus hijos le fueron arrebatados por su suegra para educarlos según las conveniencias de la etiqueta. Sólo la última, María Valeria, tuvo con su madre un vínculo más cercano y amoroso.

Elizabeth Aurelia Eugenia, duquesa de Baviera, había nacido en Múnich en 1837, el 24 de diciembre, por lo que se podría decir que fue un regalo de Navidad.

Su padre era el duque Max y su madre Ludovica de Wittelsbach, perteneciente a una familia atenazada por la locura. De hecho, el primo de Sissi, Luis II de Baviera, moriría perseguido por la enfermedad mental, igual que su hermano Otto.

Esta hija de los duques, que eran primos, era la tercera de sus vástagos. La consanguinidad ensombreció la genética de estos príncipes enfermizos, lo que no fue óbice para que gobernaran los territorios de Baviera durante nueve siglos.

Múnich, la ciudad donde nació Sissi, tenía unas características particulares. Fue la residencia de los Wittelsbach desde el siglo XIII. Napoleón I la consagró como capital en 1806, durante su proceso de expansión por Europa central.

Siempre tuvo monarcas singulares, especialmente Ludwig I, que debió renunciar al trono por los escándalos enlazados a sus amoríos con la artista Lola Montes, de dudosa reputación, y Ludwig II, llamado *el Rey Loco*, encandilado por su prima Elizabeth, con la que siempre mantuvo un vínculo distinto y privilegiado.

Ludwig se había comprometido para casarse con una hermana de Sissi, pero desistió ante la evidencia de sus inclinaciones homoeróticas.

Elizabeth creció en el castillo de Possenhofen, cerca del lago Stanberg. La pequeña disfruta, como su padre, de la vida en la naturaleza, junto con los animales y los bosques del entorno.

De la primera morada campestre de la futura reina de Hungría, escribe María Festetics: *Es una residencia simple, pero bien conservada, limpia, bonita; la cocina es correcta, aunque no son dados a los fastos. Todo es agradablemente demodé, pero de buen gusto.*

La joven es fresca y alegre, le encanta jugar con sus numerosos hermanos, pero a menudo busca la soledad y la quietud como una forma de recuperar su fuerza interior y su equilibrio.

Los caballos ya forman parte de una existencia a mitad de camino entre el mandato de la civilización y los placeres al aire libre. Las cabalgadas frenéticas comienzan muy pronto y entonces el tiempo y el movimiento se valoran en el marco de una dimensión interior y personal.

En Possi (Possenhofen) no existen muchas reglas, que por otra parte hubieran sido difíciles de mantener ejerciendo el duque Max como cabeza de familia de ocho hijos.

La madre, Ludovica, hermana de la archiduquesa Sofía, había sido de joven muy hermosa y parece que para compensar los devaneos amorosos de su marido y su habitual mala cabeza para los compromisos propios del matrimonio, mantuvo una relación con el príncipe Miguel de Braganza, que se convirtió en rey de Portugal.

Ludovica se refugia en su numerosa prole y disfruta de una existencia pacífica y aburguesada, lejos del brillo de la corte y la política oficial.

Probablemente, casar bien a sus hijas fuera su mayor preocupación y Sissi, la más importante de todas, ya que desde que era adolescente demostró ser todo un carácter, reticente a las normas al uso para una muchacha de su condición.

El duque Max, padre de Elizabeth, sigue la norma de toda su familia, que se limita, justamente, a contravenir la etiqueta, la monarquía y lo que está mandado.

Practica equitación en una especie de sucedáneo de circo que se hizo construir, donde no faltan los payasos ni los acróbatas. Le encanta beber, cantar, reunirse con su *troupe* de amigos y escribir versos poco respetuosos bajo el seudónimo de Phantasus.

El duque no es precisamente un modelo a seguir para una futura emperatriz, pero los genes de su padre y su conducta libre y extravagante marcarán para siempre la ruta y las elecciones personales de Sissi.

De su padre hereda el amor a la tierra, la caza y la equitación y en un plano más intelectual, la fascinación incondicional por el poeta Heinrich Heine (1798-1856), que la acompañará para siempre.

La joven se ve como un ave sin amo, *una gaviota de ningún país, mi patria no está en ninguna playa.*

Las referencias al mar, como metáfora de libertad, tal vez su palabra más emblemática, son constantes.

Heine, de origen judío, autor de numerosos *lieder*, entronca con el Romanticismo alemán que se abre camino por Europa, pionero de otros movimientos en Inglaterra o Francia.

La joven reina responde en gran parte al ideal romántico: se trata de un ser atormentado, que ama la soledad y la naturaleza y que se refleja, en el fondo de su yo incomprendido y entristecido, como Narciso, en un movimiento perpetuo que se centra siempre en sí mismo.

Heine era un libertario *avant la lettre,* que defendía ideas antiautoritarias y un lirismo en un continente gobernado por los herederos autocráticos que triunfaron sobre Napoleón y organizaron el compromiso y el reparto políticos en el Congreso de Viena.

Heine está fascinado por la compasión humana, lejos de los ideales tiránicos de los gobernantes absolutos como Metternich, como Bismarck, como Francisco José, que dibujaron el rígido mapa de una Europa abocada a dos guerras mundiales.

Se trata de un disidente político, un *outsider*, perteneciente a una etnia considerada inferior y estigmatizada a lo largo de los siglos. Es un poeta y un revolucionario a su manera. Lo que llamaríamos en la actualidad un personaje *políticamente incorrecto*, pero, para la soberana, es un héroe y un mito.

Critica la escasa sensibilidad de las iglesias, la miseria, y como buen romántico, se deja transportar por la tristeza y el desaliento. Sin embargo, a partir de ellos se origina su grandeza y su creatividad como poeta.

Elizabeth no fue la única monarca fascinada por Heine. La reina de Rumanía también comparte este influjo poético del escritor alemán y sobre esta influencia escribe: *En Heine, Elizabeth encontraba justamente el desprecio de las apariencias, que ella sentía de una forma tan profunda, y la misma amargura de su dura y solitaria vida...*

El ejemplo de su escritor preferido influyó en el universo emocional de la soberana bávara, que también se dedicó a la poesía. La totalidad de su obra poética no vio la luz, por petición propia, hasta 1950.

En su obra no falta la burla, ni la sátira, ni la crítica a los gastos inútiles en los fastos del Imperio, mientras el pueblo pasa necesidad. La emperatriz prefigura en su obra poética la decadencia y el final de su propia dinastía: *¡Hola, Casa de Habsburgo!... Te veo desesperada y cabizbaja... como si tu final ya se acercara.*

Con una capacidad curiosa para intuir el futuro, la reina de Hungría está imaginando Mayerling, su propia muerte, Sarajevo y el final de la Primera Guerra Mundial.

Y también está la nostalgia, la patria por excelencia de los románticos: *Llevaré al mar el alma, cansada de la gente.*

Heine, su mentor, es otro viajero incansable y muchos desplazamientos en su vida fueron hechos por mar.

El agua, que recuerda incesantemente al líquido amniótico, ambiente privilegiado del vientre materno, es también el medio elegido por Sissi para reconfortarse.

Klimt también vincula el cuerpo y más concretamente el cabello de la mujer (tan importante para la emperatriz) con la esencia y la escenificación de su pintura.

Schorske lo explica de esta manera: *... los mechones sueltos son intermediarios entre los sinuosos cuerpos y el poderoso empuje lineal del agua.*

Las mujeres de Klimt se encuentran cómodas en un mundo acuático mientras que el hombre se ahogaría rápidamente, como los marineros seducidos por las sirenas.

La patria interior de la emperatriz siempre se encuentra vinculada con su universo afectivo, ligado a las experiencias y emociones de Possenhofen. Y éste es el material de base sobre el que se construye su trayectoria.

En la época de su compromiso matrimonial, Sissi escribe: *Soy una hija del domingo, una hija del sol. Sus rayos me han conducido al trono...*

Mientras la duquesita deambula sin norte fijo por su adorado castillo rural, su primo hermano, Francisco José, se convierte en un emperador atractivo, alto, rubio y elegante en su uniforme blanco y rojo. Goza de una salud de hierro y es, a los ojos del conde de Saint-Aulaire, *un perfecto ejemplar de su raza.*

Es un joven puntual, austero, serio, organizado hasta la rigidez, aunque también un excelente bailarín. Encarna el ideal del Imperio hasta su muerte, en 1916. Toda su vida escogió el modelo de una monarquía fundamentada en la teocracia católica, militar, basada en la actuación de una policía y un ejército que cumplen ostensiblemente su papel, dispuestos a sofocar levantamientos, insurrecciones y disidencias.

Su Imperio es un conglomerado de diversos pueblos, razas, culturas, lenguas y religiones y la conspiración y el conflicto son los ingredientes de la política de todos los días.

Se sigue gobernando con la tradición que había impuesto el ministro Metternich, que negoció las condiciones de una nueva Europa en los días que siguieron a la derrota de Napoleón en Waterloo.

La monarquía austrohúngara siempre fue dirigida con mano férrea por sus soberanos y ministros, pero las revoluciones europeas de 1848 impusieron un nuevo ritmo a la política de la segunda mitad del siglo XIX.

IV.   UNA ELECCIÓN IMPREVISTA.
LA BODA Y LOS PRIMEROS AÑOS
DE UNA EMPERATRIZ HETERODOXA

El joven emperador necesitaba una esposa y después de buscar una candidata entre las cortes europeas, sus asesores, encabezados por la madre del soberano, llegaron a la conclusión de que si escogía una princesa de la propia familia, no se ofendería a nadie.

La elegida era Helena, a la que se conocía familiarmente por *Nené,* pero cuando llegó junto a su madre y su hermana a Bad Ischl para formalizar un compromiso, todos asistieron desolados a una decisión incomprensible por parte del emperador.

El soberano escogió a la pequeña de las hermanas, Sissi, que no había sido educada para reinar ni estaba preparada para ello, ante el estupor de la madre y la tía de Francisco José, que tenían que recomponer sus planes a toda prisa.

Los ojos soñadores de la joven, su larga melena peinada en trenzas y su espontaneidad y despreocupación encandilaron a su primo, que no pudo resistirse a preferirla a su hermana, contrariando por una vez la tradicional y férrea razón de Estado que hasta entonces habían defendido los Habsburgo.

Hay otro desilusionado por la elección del emperador, aparte de Helena, hermana de Sissi. Se trata de Carlos Luis, hermano a su vez de Francisco José, que había fantaseado por su parte con conseguir el amor de la hermana pequeña, hasta que el soberano decidió que Elizabeth sería definitivamente para él.

La trayectoria infantil de la futura reina de Hungría transcurría rodeada de sus hermanos, Nené, Carlos Teodoro, llamado *Gackel,*

María, Matilde, llamada *Moineau,* Sofía Max-Emmanuel, conocido como *Mapperln.*

En medio de tantos afectos familiares, los sueños amorosos de una adolescente, sobre todo los que la vinculan afectivamente al misterioso conde Ricardo S., que muere de improviso. Pero Sissi carece de experiencia amorosa y vital.

En el último momento, inmediatamente antes de dar el sí, duda y se acobarda, cuando toma conciencia de lo que puede perder al aceptar su nueva vida pero le dicen claramente *que no se dice que no al emperador.*

En muy poco tiempo se ve transformada en la primera dama del Imperio y deberá obedecer todas las indicaciones que su suegra y su equipo de asistentes tengan a bien hacerle.

En Baviera comienza su preparación para el papel que le espera y la rodea constantemente una corte de preceptores exigentes. Entre todos éstos destaca, sin embargo, un húngaro, Janos Majlath, que le habla de su patria con admiración y devoción.

Se establece una relación de confianza, pero pronto rota por el suicidio del profesor, agobiado por las deudas y la pobreza.

Debe aprender italiano y francés y poner especial cuidado en la salud de sus dientes, siempre faltos de atractivo.

Abandona su Baviera natal y lleva a cabo un fantástico y celebrado viaje por el Danubio que dura varias jornadas. Las recepciones y el ceremonial son realmente agotadores: buenos deseos, discursos, música, saludos oficiales. Un cúmulo de obligaciones desproporcionadas para la edad y la paciencia de Elizabeth.

La llegada se realiza por todo lo alto pero el protocolo resulta demoledor para la joven futura Emperatriz: presentación de nobles, cortesanos, ministros plenipotenciarios y otros diplomáticos, cenas de gala, fanfarrias, inauguración de un puente con su nombre, paseos en carroza, recepciones diversas, besamanos y al final de todo, un desconsuelo y una desilusión atroces.

Nada parece ser como Sissi había pensado y la responsabilidad y la carga de la etiqueta son enormes.

En la iglesia de los Agustinos, 70 prelados acompañan el oficio del cardenal Rauscher. La boda y el sermón los vive como interminables.

La noche de bodas resulta decepcionante y el protocolo exige que la madre y la suegra de la emperatriz estén informadas de los acontecimientos nocturnos para sellar definitivamente el ritual y el contrato del matrimonio.

La pequeña emperatriz se ve envuelta en la nostalgia de las que podrían haber sido otro tipo de vivencias para ella. En un poema del 8 de mayo de 1854, se lamenta de su desgracia:

Oh, yo que nunca la senda dejé
que me habría conducido a la libertad.
Oh, ¡yo que en el espacioso camino
de la vanidad nunca me extravié!
Me he despertado en una cárcel,
y mis manos están con cadenas.
Y mi deseo siempre más fuerte,
y libertad! ¡Tú me das la espalda!
Me desperté de una embriaguez
que mi alma cautivó,
y maldigo inútilmente este cambio,
con el cual, ¡libertad!, a ti me jugué.

Parece ser que la consumación del matrimonio no se produce hasta la tercera noche. Ese mismo día se celebra, horas más tarde, un gran baile en la corte.

La luna de miel se desarrolla en el castillo de Laxenburg, pero los enamorados están muy poco tiempo solos: la omnipresencia de la archiduquesa Sofía se impone sin remedio.

El emperador sigue básicamente entretenido y absorbido por las cuestiones de Estado. Sissi sufre la soledad apartada del esposo y la compañía, que le resulta a menudo insoportable, de la suegra y las damas de honor nombradas por ella.

La emperatriz se dedicó a la poesía, en un intento de olvidar los malos momentos que estaba viviendo.

Entre tanto, la nueva soberana recibe delegaciones de las diferentes geografías del Estado. Cuando llega el turno de la recepción a los nobles húngaros, Sissi se viste con el traje tradicional magiar.

El matrimonio de los emperadores se había celebrado el 24 de abril de 1854. Tiene 16 años y su esposo casi 24 y gobierna un universo de 52 millones de personas.

El protocolo es asfixiante y austero para la joven emperatriz y la situación política, delicada. No hay tiempo para las contemplaciones de quien no participa del proyecto global de gobierno.

Sissi se encuentra falta de intimidad, presionada, vigilada, prisionera en una jaula de oro. Se aburre y sólo parece comunicarse con su diario, que también es revisado por la suegra.

Pronto se encuentra encinta y la soledad compartida con otro ser se hace más grande. La invade el desasosiego de las madres que no han terminado de crecer.

La guerra de Crimea, una carnicería que alcanza la cifra de casi 120.000 muertos, acompaña los acontecimientos privados de los emperadores, que comparten el nacimiento de una hija, llamada Sofía, como su abuela, que viene al mundo el 5 de mayo de 1855.

Sissi se ve apartada de su hijita, que queda al cuidado de la archiduquesa Sofía. Su vida se ensombrece, hace dieta, se agota en largas cabalgadas y llama la atención de los cortesanos, que consideran extravagante e inadecuado su comportamiento.

Un velo de tristeza y de misterio resalta sin embargo una belleza cuyos rasgos peculiares empiezan a ser famosos en todas las cortes de Europa.

Después del Congreso de París en 1856, que pone fin a la guerra de Crimea, Austria permanece más aislada que nunca en el contexto europeo. Por su parte, los rusos ven con malos ojos la permanencia de su neutralidad en el conflicto.

En ese año también viene al mundo la segunda hija del matrimonio imperial, Gisella, que, después de un altercado con la suegra, que también quería ocuparse en exclusiva de ella, permanece en la cercanía de sus padres.

En setiembre de 1857 comienzan los viajes de los emperadores por los territorios estatales y, por primera vez, Sissi es percibida

Retrato de la emperatriz de Austria, más conocida como Sissi, hacia 1835.

por muchos como una posible mediadora entre el jefe del Estado y sus súbditos.

El periplo por el reino Lombardo-Véneto no resulta muy satisfactorio, se trata de una región tradicionalmente aplastada por la política autocrática de los Habsburgo. Trieste se resiste a mostrarse confiada ante la visita de sus reyes y Venecia y Milán son ciudades nada afines a los emperadores.

La acogida a los reales viajeros es fría y hostil, a pesar de los esfuerzos diplomáticos y la fascinación que Elizabeth ejerce en general sobre el pueblo.

Francisco José hace algunas concesiones, devolviendo propiedades confiscadas a parte de los exiliados y otorgando algunas amnistías.

El mariscal Radetzky, inmortalizado por la marcha que todos los años pone fin al Concierto de Año Nuevo en la Musikverein de Viena, y conocido por su mano dura y dictatorial, es relevado en el mando y reemplazado por el archiduque Maximiliano, de carácter más dialogante y negociador.

Sin embargo, los territorios que formarán un día la unidad italiana han comenzado su vuelta atrás. La libertad y la independencia y la expulsión de los ocupantes serán el premio a tantas muertes y tantos años de esfuerzo por la liberación de la tierra.

Si los súbditos italianos eran hostiles a los austriacos, ni qué decir que los húngaros no les iban a la zaga.

En 1857, la pareja imperial decidió hacer un viaje por el país magiar. Se trataba de una nación celosa y orgullosa de sus propias tradiciones, milenarias, con una lengua y una idiosincrasia singulares. Sus patriotas habían ofrendado su sangre para liberarla del yugo de los Habsburgo.

A pesar del rechazo a la monarquía extranjera, el país y Elizabeth entablan una relación preferencial que ya no abandonarán nunca. La emperatriz aprende un idioma diferente, difícil, único y es muy bien acogida por un pueblo que se siente conquistado y defendido por su reina.

Se conceden algunas amnistías, dándose así los primeros pasos para una reconciliación, que se traducirá en una incorporación paulatina de los notables húngaros a los cargos de la monarquía dual cuando ésta se vuelva posible con la firma del *compromiso* entre Austria y Hungría.

Sissi había llevado a sus dos hijas al viaje y en el transcurso de la visita, las niñas contraen una fiebre que Gisella puede sobrellevar, pero que lleva a la muerte a la mayor, Sofía.

Es una pérdida dolorosa para la madre, que se culpabilizará para siempre de la decisión que tomó de llevar a sus hijas en su periplo por Hungría, contrariando la voluntad de su suegra de que permanecieran en Viena.

Aunque no consigue consolarse de la pérdida de su pequeña, Sissi es de nuevo madre. El tercero de sus vástagos será por fin el ansiado heredero al trono, el príncipe Rodolfo. Y la vida de Elizabeth continúa su andadura con los altibajos de siempre.

V. UN PERIODO DIFÍCIL Y DECISIVO

Los territorios italianos de Austria comienzan a organizarse en 1859 para intentar conseguir la independencia.

Francia toma partido por Italia o eso parece a primera vista, ya que la patria de Napoleón Bonaparte sólo jugará las cartas que le resulten beneficiosas en este conflicto.

Se llegó al acuerdo de que Napoleón III intervendría en caso de ataque a Italia, por lo que estos territorios presionan y abonan el terreno para que estalle abiertamente la ruptura.

Francisco José envía un ultimátum a Vittorio Emmanuele II, rey del Piamonte, y ésta parece ser la chispa que se necesita para apresurar los acontecimientos y comenzar una confrontación declarada.

Los italianos consiguen muchas victorias, pero se trata de una guerra sangrienta y sin piedad. Sissi se vuelca con los heridos austriacos y Austria pierde la Lombardía pero conserva el Véneto. Se firma el armisticio de Villafranca, que no sutura definitivamente las heridas de la guerra y la búsqueda de la independencia.

Elizabeth vive un periodo difícil, en consonancia con la situación de su país, pero abocada como siempre a la lucha con sus propios fantasmas: el exceso hasta la extenuación de actividad física, las dietas draconianas y ese *spleen* que ya nunca la abandonaría y haría de ella una especie de alma en pena constante.

Pero el escenario de los emperadores tiene una corteza de luces y sombras, se organiza alrededor de un paisaje efímero e inestable.

Sin embargo, a pesar de los infortunios políticos, el universo íntimo de Sissi rezuma por momentos cierta armonía. En palabras del propio emperador: ... *los niños son estudiosos y sobre todo*

Rodolfo, al que le gusta mucho aprender, además está muy instruido para su edad. Sissi hace increíbles progresos en la lengua húngara.

En esa época pasará a la posteridad en los retratos de Winterhalter. El más famoso de los cuadros la evoca con un vestido blanco y con las famosas estrellas que el joyero vienés Köchert había diseñado especialmente para ella.

En Hungría siempre están los patriotas a la espera del momento propicio para desvincularse de Austria.

Hay que adjuntar a estas perturbaciones, ya endémicas, la expedición de los Mil (1860) al mando de Garibaldi, que tiene por objeto expulsar del trono a Francisco II, rey de Nápoles y de las Dos Sicilias, casado con María, hermana de Elizabeth.

Sissi vuelve a la peregrinación de los viajes para afrontar un empeoramiento de su salud. A su mal estado físico hay que unirle la presencia de la oscura sospecha de la depresión.

Viena la desanima siempre más, por lo que hace un viaje a Corfú, una isla llena de sol que le devuelve su salud y adonde va a visitarla su hermana Nené.

Francisco José sigue los acontecimientos relacionados con el estado anímico de su esposa con preocupación, hasta que la emperatriz se instala en Venecia, donde es más fácil que su marido pueda visitarla.

En agosto de 1862, después de dos años de ausencia, regresa a Viena, pero decide instalarse en Schönbrunn, donde tiene más posibilidades de llevar una vida con menos presiones.

Ya se comentó que la familia Wittelsbach, a la que pertenecía Sissi, padecía problemas de salud psíquica desde hacía varias generaciones. La consaguinidad entre sus miembros, dramáticamente frecuente, no tenía visos de contribuir a la solución de este estado de cosas.

El rey Maximiliano de Baviera había muerto el 10 de marzo de 1864, por lo que el trono va a ser ocupado por su hijo y sucesor, Ludwig, que cuenta con diecinueve años.

El joven rey había nacido en el palacio de Nymphenburg, cercano a la capital de Baviera. A pesar de la sofisticación de que haría gala durante toda su vida el así llamado *Rey Loco*, su madre, María de Prusia, no era una mujer culta ni refinada.

Además, aportó a la dinastía los genes de los Hohenzollern, que tampoco podían hacer gala de una salud mental intachable.

Ludwig sufrió una soledad manifiesta en su infancia y adolescencia, circunstancia que probablemente le marcó la vida para siempre.

La belleza y el narcisismo con que se dedicaba al cultivo y exaltación del propio cuerpo tal vez le ofrecieran algún incentivo con que compartir las largas horas donde nada parecía interesarle.

Sin embargo, fue un monarca popular y al igual que sucede con el ataúd que guarda los restos de Sissi, la tumba del monarca bávaro siempre está cubierta de flores.

Prusia va poco a poco convirtiéndose en un problema añadido para la política internacional de Austria, y Francisco José considera deseable un acercamiento con la vecina Baviera, gobernada por otra parte por parientes cercanos.

Elizabeth, de nuevo en un papel de mediadora, como ocurría siempre con las relaciones de Austria y Hungría, intenta volver a encontrarse con su primo, al que no veía desde los tiempos de su juventud en Múnich.

Ludwig es un joven monarca fascinante, pero ambiguo y con una conducta desde el comienzo errática para los asuntos de Estado.

Da una preferencia absoluta a sus quimeras y a sus ensoñaciones, es hedonista y ansía, como Sissi, reencontrar en parte el antiguo fulgor del mundo griego.

La música lo entusiasma, igual que la arquitectura y la edificación de castillos, que decora y embellece con un estilo farragoso y barroco, muy personal.

Por otra parte, su sexualidad va orientándose —como dijimos previamente— hacia una opción homosexual mal asumida por sus cortesanos, que consideran apropiado y necesario que un monarca pueda casarse como se le supone, para asegurar una descendencia, fundamental para la conservación de la dinastía.

A pesar de su opción contraria a la mujer como objeto sexual, Ludwig ll siempre consideró a Sissi su modelo femenino por excelencia.

Para colmo de complicaciones, el rey se ha dejado cautivar por Richard Wagner, un personaje interesado, que ama los placeres y el lujo y que supedita su creatividad musical a su tren de vida.

Ludwig le ofrece todo lo que tiene y más, porque la mitología nórdica que acompaña la música operística del compositor se adapta como un guante a sus pretensiones de grandiosidad y megalomanía.

El autor de *Lohengrin* se aprovechó de la influencia que ejercía sobre el rey, que tuvo que justificar la vida llena de escándalos de su protegido, comprometiendo el trono del joven soberano. Lo utilizó descaradamente.

En efecto, puede decirse que el músico se vinculó afectivamente con Cosima Liszt, la hija de otro compositor que en aquel tiempo era la esposa de Von Bülow, uno de los directores habituales de las partituras de Wagner.

Sin embargo Ludwig le fue fiel a su ídolo mientras pudo, tal es así que el compositor escribió: *Me quiere con la pasión y profundidad de un primer amor...*

El rey de Baviera ama a muchos hombres. Tal vez una de sus relaciones más conocidas fue con el caballerizo Richard Hornig, pero dicen que sublimó esas pasiones que su tradicional educación católica y el tradicionalismo de la corte censuraban.

Esa transposición del afecto amoroso se plasmó en la construcción de castillos, verdaderas residencias que parecían calcadas de los palacios de los cuentos de hadas, en un estilo *kitsch* y sobrecargado, poco funcional.

Poco a poco surgieron de la mente del monarca Linderhof, Herrenchiemsee y sobre todo Neuschwanstein, que se convirtió en el símbolo de la decadencia de los Wittelsbach en Baviera, pero también en la metáfora de los intentos del rey por apartarse definitivamente de la realidad.

El director italiano Visconti inmortalizó los devaneos del monarca con la locura y con su prima Sissi en una película que se hizo famosa por su extravagancia y por un esteticismo desbordante.

El *caso Ludwig* tendrá un final previsible aunque no menos doloroso para todos, pero antes de su muerte deberá recorrer un camino de infelicidad y enfermedad mental que marcará para siempre la vida de toda la familia.

El 13 de junio de 1886 Ludwig dejó de sufrir y de soñar. Se hundió hasta la muerte en el lago Starnberg, junto con su médico psiquiatra, el doctor Gudden, que no pudo hacer nada para que el rey sobreviviera y pereció junto a él en unas circunstancias nunca esclarecidas del todo.

Otro motivo de sufrimiento para Elizabeth fue la suerte de sus cuñados Maximiliano y Carlota, su esposa, en la aventura que, por iniciativa de Napoleón III, emprendieron en México.

Sofía de Baviera (1805-1872), madre de Francisco José, lo era también de Maximiliano, aunque las malas lenguas cortesanas afirmaban que su padre no era el marido legal, sino el que hubiera sido Napoleón II, el *Aguilucho,* hijo de Napoleón Bonaparte y fundador de la dinastía que lleva su nombre, a quien en su juventud había estado muy unida.

El hermano del emperador ocupó varios cargos importantes en su vida, acabada tan trágicamente en territorios americanos. Se había casado con Carlota de Bélgica el 27 de julio de 1857, y esta vez sí parecía que, por una vez, la endogamia iba a ser dejada de lado en la familia.

Ordenó construir el palacio de Miramar, donde habitó la pareja hasta partir hacia México para buscar ocupar un imperio.

Posiblemente Maximiliano no calculó bien la compleja realidad de este país, que había nacido, como tantos otros de América, fruto de la voluntad de los ejércitos y las aristocracias locales, con intereses concretos de independencia y una pizca importante de desgobierno y anarquía en su trayectoria.

El fallido emperador de México nunca tuvo verdaderos apoyos, hasta que quedó prácticamente solo, frente al ejército de Benito Juárez, mientras su esposa partía para Europa en un intento vano por recabar apoyos para el proyecto imposible de su marido, que cayó fusilado en Querétaro, el 19 de junio de 1867.

Carlota le sobrevivió muchos años, ya que falleció en 1927. La familia belga siguió acumulando desgracias, porque no daba la impresión de que las alianzas con los Habsburgo le fueran propicias.

Efectivamente, Rodolfo, hijo de Sissi, se unió también a la sobrina de Carlota, Estefanía, un matrimonio desgraciado que se vio definitivamente truncado por la muerte del heredero en Mayerling.

La política sigue imponiendo un día a día acuciante en la corte vienesa y eso se une a las desgracias familiares, que son muchas.

La atención del emperador se concentra ahora en sus relaciones con Bismarck, que intenta alejar a Austria de la confederación alemana.

El *canciller de hierro* empieza a organizar Europa según su personal visión política, estableciendo un sistema de alianzas y *ententes* que crean escuela.

Consigue acercar a su proyecto de construcción continental las voluntades de Francia y Rusia y garantiza el apoyo de Vittorio Emmanuele II, que en junio de 1866 se enfrenta a la posibilidad de otra conflagración con Austria.

Ésta, por su parte, cuenta con la confianza de Sajonia, Baviera, Wurttemberg y Hannover, pero Francisco José esta vez no está deseoso de ir a la guerra.

Delega el mando militar en el general Benedek, que cubre el frente septentrional, y en el archiduque Alberto, que se ocupa del meridional.

Las escaramuzas bélicas, bajo la inspiración de Bismarck, llevan a Austria al desastre en la batalla de Sadowa.

La derrota es de tal magnitud que incluso la propia Viena corre peligro. La emperatriz debe abandonar la capital con destino a Hungría, donde renueva su intermediación política, gracias a la cual, el 18 de febrero de 1867, el conde Andrassy se convertirá en primer ministro. Es el primer paso para la monarquía dual.

Durante estos años, a pesar de todas las desgracias familiares y los acontecimientos políticos que convulsionaron el Estado, según cuenta la especialista Renate Stephan, *la belleza de Elizabeth se transformó en mito y sus apariciones en público eran sensaciones largamente esperadas.*

No obstante, esta impresión no la conseguía con cosméticos, perfumes u otros productos de belleza artificiales, que rechazaba categóricamente.

Provenía más bien de un conjunto fascinante de muchos factores naturales: su porte, su figura esbelta y ágil, su hermosa cabellera, sus vestidos, pero también su apostura majestuosa, que entre tanto había ido haciendo suya.

Entre todos sus retratistas es posiblemente Xaver Winterhalter el que mejor haya conseguido plasmar la lozanía de la soberana en los tres cuadros que pintó de la emperatriz. Así lo confirma Francisco José, cuando escribe a su madre: *Los cuadros que ha pintado de Sissi han resultado encantadores y son los primeros retratos que se le asemejan.*

Uno de los cuadros más famosos —ya comentado aquí— es el que plasma a la emperatriz de perfil, con un vaporoso vestido de gasa bordado, tocado su cabello con las 27 estrellas que lo iluminaban de una forma única.

Este peinado y este cuadro inspiraron algunas de las escenas de una conocida serie policial vienesa protagonizada por un perro pastor alemán. En uno de sus capítulos, una joven que regenta un negocio de ropa de época se enamora del personaje de Sissi hasta el punto de que, durante varias horas al día, se viste como ella, monta a caballo por los alrededores de Viena y se transmuta miméticamente en la figura de la emperatriz.

Winterhalter tuvo además el privilegio de gozar de la intimidad de la princesa bávara, cuando la retrató, con el cabello castaño suelto, cayendo en cascadas sobre un peinador claro, lo que hacía resaltar la intimidad del momento inmortalizado y la disponibilidad de la soberana, en una las raras ocasiones en que estuvo dispuesta a dejarse invadir por la sensibilidad y la curiosidad del pintor.

La década de los sesenta es la última en que Sissi se deja retratar. Utiliza todavía vestimenta donde predominan los colores claros. Más adelante, no se deja ya fotografiar, como se explicó en el primer capítulo de este libro, y lleva únicamente ropa oscura o negra, de luto.

Hacia mediados de 1867, Elizabeth se da cuenta de que se encuentra nuevamente encinta. Esta vez la recién nacida, María Valeria, permanecerá junto a su madre.

Es la hija de la reconciliación con en esposo después de un distanciamiento de años y también la única que va a criarse junto a su madre, fuera de las influencias de Sofía, su suegra, o de las damas de la corte.

En este nuevo embarazo Sissi no se entrega a las grandes cabalgadas, ni a esforzarse en ejercicios gimnásticos, que le exigen un sobreesfuerzo que no debe hacer en su situación. Se cuida.

Los húngaros no están satisfechos de que el nacimiento traiga una niña, ya que esperaban un varón para convertirlo en su heredero.

La relación de la pareja imperial parece haber alcanzado un cierto equilibrio. Finalmente parecen aceptarse el uno a la otra, respetando las diferencias y tejiendo un afecto cercano, a pesar de los inconvenientes de la etiqueta y la diferencia de personalidad.

En 1870 aparece de nuevo la amenaza de otra confrontación bélica. Prusia vuelve a la beligerancia armada y se ensombrece la situación de esta potencia hegemónica con Francia.

Aunque existía un buen vínculo entre las coronas de Francia —Napoleón III— y la de la monarquía dual, Austria no va a intervenir en esta guerra.

Rusia, por su parte, asegura que está dispuesta a participar en el conflicto como aliada de Prusia, lo cual es una advertencia seria para Francisco José.

Sólo le queda seguir la evolución de los hechos y de la situación en el frente. Después de algunos pequeños éxitos franceses, el 1 de septiembre de 1870, el imperio de Napoleón se derrumba en Sedán y a continuación, desaparece la figura del emperador de los franceses y se instaura la III República.

Francia debe entregar Alsacia y Lorena a Alemania, mientras que se proclama en Versalles el Imperio alemán, el 18 de enero de 1871.

Los italianos, que querían la independencia de Austria, ven con esperanza la evolución de los acontecimientos. Ocupan Roma y el Papa aconseja a su ejército la no intervención para no promover el derramamiento de sangre.

Prusia se ha convertido en un país peligroso y avasallador para el continente europeo. Los austriacos están realmente preocupados por la evolución de los sucesos en Europa.

Elizabeth, como es propio de su comportamiento, no entra en el asunto y prosigue con sus interminables viajes para alejarse de Viena, un círculo donde no la comprenden y que sigue detestando.

Ida Ferenczy, su dama de compañía, y María Valeria la acompañan en sus desplazamientos, mientras que Francisco José se limita a coincidir con ella, y de tanto en tanto, en alguna etapa de sus viajes.

Por esa época entra en escena otra de las damas húngaras que acompañan a Sissi, María Festetics, con quien comparte la atracción por Hungría, la devoción por el conde Andrassy y un estilo especial de pensar y de sentir.

Sin embargo, no todos son parabienes para María Festetics, que es consciente de servir a una reina difícil y complicada. Y así lo manifiesta claramente cuando escribe: *No es una persona banal. En todo lo que dice se percibe una vida contemplativa. Es un pecado que pase su tiempo en meditar y no tenga nada que hacer. Se inclina hacia la actividad espiritual, su instinto de libertad, de tal forma que cualquier restricción que se le imponga le parece terrible.*

La emperatriz ha descubierto en Merano, en el Tirol, uno de sus refugios de elección. En esa residencia recibe la noticia de la enfermedad de su suegra, con quien tantos disgustos mutuos había compartido.

Elizabeth se conmueve, sin embargo, a pesar de un pasado de incomprensión y conflictos. La archiduquesa, con 67 años, se siente envejecida. La alegría de vivir la ha abandonado después de la muerte de Maximiliano, su hijo predilecto. Ya no se reconoce actuando en un mundo que ha cambiado y cuyo destino no acaba de comprender. Una pulmonía se la lleva finalmente en mayo de 1872.

En 1873 el emperador tiene 42 años y su esposa, 35. En ese momento su hija Gisella decide casarse. Parece un poco pronto, sobre todo para Sissi, que ha soportado la experiencia de una boda tal vez un tanto prematura.

Pero es Rodolfo quien más lamenta la separación de la hermana, que deja el hogar familiar para casarse. El año siguiente, la soberana se convertirá en abuela, ya que su nieto llega al mundo el 8 de enero de 1874.

Sissi sigue imperturbable con su meta habitual: se suceden los viajes. Londres, París, Corfú, Estrasburgo. Cuando no viaja, monta a caballo y da largas caminatas. La dieta sigue y la desesperanza también.

La idea de su propia vejez, de la finitud de la belleza y la salud, que nunca ha sido buena, la atenazan. En 1878 viaja a Londres, pero esta vez acompañada de Rodolfo, que ya es un adolescente de 19 años, inteligente, sensible y atractivo.

El heredero también padece de tristeza y su vida nunca encuentra un alivio para la sensación de nostalgia y de vacío. ¿Otra vez la herencia de su madre, de los Wittelsbach?

El emperador no puede moverse de Viena. Los acontecimientos políticos se enturbian en una Europa muy convulsa. La situación de los Balcanes se galvaniza.

Bismarck se ha convertido definitivamente en el árbitro del continente, con la Alianza de los tres Emperadores (Alemania, Austria y Rusia), superando la tradicional desconfianza que separaba a Rusia de Austria y dejando expedito el camino de Oriente.

Sin embargo el Congreso de Berlín establece que Rusia pierda ciertos privilegios. Serbia y Montenegro van a ser reconocidos como estados independientes y quedan para Austria, Bosnia y Herzegovina.

Las bodas de plata de los emperadores se festejan el 10 de mayo de 1881 y al año siguiente Rodolfo debe comprometerse con la princesa belga. Éste tampoco es un matrimonio por amor, como fue el de sus padres, aunque a la postre resultara mal.

María Valeria, por su parte, también ha encontrado pareja. Escoge a Francisco Salvador, de la rama toscana de los Habsburgo. Una vez más las enfermedades de esta dinastía se ven favorecidas por una endogamia pertinaz.

El matrimonio del heredero tiene como fruto una hija, pero las relaciones con la princesa belga no mejoran. Rodolfo también empieza a descender la pendiente de la enfermedad, la depresión y ese *spleen* que tan bien conoce su madre y que lo llevarán a la muerte.

De Baviera no llegan buenas noticias. Después de la muerte de su admirado Wagner, Ludwig II, imagen masculina especular de Sissi, con quien había mantenido una especie de *folie à deux*, es declarado por sus psiquiatras incompetente para reinar.

El informe médico es demoledor: *Debido a que la enfermedad ha destruido completamente en su majestad el ejercicio del libre arbitrio, se debe tomar en consideración el hecho de que es incapaz de conservar el poder y no sólo durante un año, sino para el resto de sus días.*

Es otra mancha en la lista de desgracias de la dinastía familiar y un nuevo fracaso personal, ya que Elizabeth se culpabilizará el resto de su vida de no haber podido hacer nada para ayudarlo.

VI.   LOS ÚLTIMOS DIEZ AÑOS

A partir de 1888, parecen abatirse cada vez más presagios siniestros sobre la existencia de Sissi.

En este momento se encuentra en Corfú, una isla que le es muy querida, donde ha encontrado a menudo reposo y consuelo.

La soberana se funde con el mar. El mar, como metáfora de la vida, a menudo se encuentra en el repertorio de Sissi. *La vida es como el mar: su eternidad está en las olas de los fenómenos y su valor resplandece en los abismos de sus enigmas*, asegura.

Su poeta preferido, Heine, ilustra ese sentimiento con sus versos:

> *¡Oh, mar!*
> *¡Madre de la belleza, de la que surgió de la espuma!*
> *Ya aletea, venteando cadáveres,*
> *la blanca y fantasmal gaviota,*
> *y se afila en el mástil el pico...*
> *..*
> *Lejos de aquí, en la rocosa costa escocesa...*
> *se alza una mujer hermosa y enferma.*
> *Delicada y transparente y pálida como el mármol...*
> *y el viento revuelve sus largos rizos*
> *y lleva su oscura canción*
> *sobre el vasto y tempestuoso mar.*

Tiene una residencia muy famosa desde entonces, en los alrededores de Gastouri. El espíritu de Aquiles, el héroe griego, preside su vida y sus sueños.

Sissi estudia griego con Christomanos, que se convertirá en uno de sus mejores acompañantes en esa época. Entre tanto recibe un telegrama que le informa de que su padre, el duque Max, ha sufrido una apoplejía. Sissi está dispuesta a correr a su lado, pero es demasiado tarde. Antes incluso de partir de la isla, su padre ha muerto.

De vuelta en Austria, llega con ocasión de encontrar nuevamente a su hijo, Rodolfo, el heredero, en pésimas relaciones con su padre.

El joven responde en parte a las características de su madre, díscolo, libre, independiente, mantiene relaciones extramatrimoniales, consume sustancias adictivas y, lo que es peor, coquetea con los patriotas húngaros, conspirando incluso contra el propio orden del Estado austriaco.

El emperador, por su parte, defiende su derecho a ocuparse como cree conveniente de los asuntos de gobierno y así lo expresa: *... la voz siempre querida de mis pueblos es la primera que llega hasta el fondo de mi alma para prestarme consuelo.*

El inmutable amor de mis pueblos es un deber más que se me impone, el de perseverar en la misión que con la corona acepté de sacrificarlo todo a nuestra felicidad...

Estas palabras, pronunciadas cuando el soberano se enteró de la muerte de Sissi, pueden estar vigentes a lo largo de toda su trayectoria imperial, a partir del momento en que decidió que toda su dedicación debía ser orientada hacia la conservación y la salvación del Imperio.

Rodolfo, como su madre, tenía una concepción más hedonista de la vida, se imponía en el heredero un sentimiento del sentido del placer y no de la realidad, como se ha visto.

Al fracaso de su relación con la princesa belga, había que añadir su enfermedad venérea, que había contagiado a su mujer, impidiéndole tener más descendientes.

Su última conquista fue una jovencita de 17 años, llamada María Vetsera, probablemente hija de otra antigua amante del hijo de Sissi.

La pareja fue encontrada muerta en Mayerling el 30 de enero de 1889 en circunstancias más que sospechas y nunca definitivamente aclaradas por el *valet* Loschek y un amigo, el conde Hoyos.

El Imperio perdía a su heredero natural y los emperadores a su hijo. La vida de Sissi, que ya había rozado los límites de la tragedia, nunca volvió a ser la misma y se inició para ella el declive final de sus últimos años.

Pero sobre este tema en particular, del acontecimiento de Mayerling, volveremos más adelante en un capítulo aparte.

La emperatriz, decidida a apoyar a su esposo en este difícil trance, interrumpe por una temporada sus habituales viajes y el emperador se refugia en la relación doméstica y burguesa que mantenía desde hacía tiempo, con la anuencia de Sissi, con Catherina Schratt.

El conde Andrassy muere también un año después, el 18 de febrero de 1890, debido a un cáncer vesical y unas semanas más tarde Nené, la hermana con la que Sissi había luchado por el amor del emperador, también sucumbe a la muerte, después de una agonía despiadada.

Las pérdidas se han sucedido para la soberana con una cercanía difícil de sobrellevar en una mujer tradicionalmente hipersensible e invadida desde antaño por un núcleo de melancolía.

El nomadismo es de nuevo su refugio y los viajes la mantienen al margen del tiempo, como ella solía pensar, mientras sigue perdiendo peso, desmejorada y sin ningún interés por continuar viviendo.

Vuelve a Corfú, uno de sus refugios más estables y continúa el vagabundeo por toda Europa. El color negro ya no la abandona nunca y más que vestidos se podría decir que utiliza hábitos.

Argelia, Túnez, Ajaccio, Pompeya, Nápoles, Florencia, Granada, Sevilla, Milán. Sissi viaja sin una gran escolta, a pesar de que su marido le aconseja tener cuidado porque en los últimos tiempos numerosos personajes de alcurnia han caído bajo la mano asesina de algunos exaltados.

Vuelve otra vez a Viena, donde se recluye en la Villa Hermes. Su aislamiento entonces es casi completo. El nacimiento de otra nieta no le devuelve la vitalidad ni la ilusión, a pesar de que sea la hija de su vástago preferido, María Valeria.

A pesar de su depresión, no es capaz de negarse a acudir a Hungría, donde tienen lugar los festejos del milenio. Llega a Budapest el 30 de abril de 1896, pero la sensación de felicidad que una vez la embargó compartiendo celebraciones con sus súbditos favoritos esta vez está ausente.

La reina de Hungría ha cambiado mucho y también las circunstancias que la rodean. Como ella misma y sus hijas se habían casado muy jóvenes, Elizabeth ya es abuela.

Intuyendo pronto el final de su vida o más aún, deseándolo con ahínco, reescribe su testamento. Según su última voluntad, le lega dos partes de sus pertenencias a María Valeria, dos a la hija mayor, Gisella, y una parte a la hija de Rodolfo. Ida Ferenczy y María Festetics, como sus elegidas damas de compañía, recibirán también una asignación.

En 1897, Kart Lueger, dirigente de un partido antisemita, es elegido alcalde de Viena, mientras estalla en Francia el *caso Dreyfus*. Se dan todas las circunstancias para que en Europa impere la confusión ideológica y se vayan decantando centros de poder y de intereses que confluirán en la ruptura de la Primera Guerra Mundial.

El último periodo de vida de la soberana se desarrolla en Suiza, en Territet, un territorio en apariencia neutral y seguro.

Los Alpes la retrotraen a los años de juventud, cuando en compañía de su esposo, hacía planes de futuro, ajenos a las posteriores circunstancias que llegarían a convertir sus vidas en un calvario.

La baronesa Rothschild la invita a su mansión en Ginebra. Se embarca en un transporte que hace el trayecto por el lago Leman. La acompaña la condesa Sztáray. Se hospedan en el hotel Beau Rivage, conversan, pero a la emperatriz la asaltan presagios de desgracia y muerte.

Realizan compras la mañana siguiente y se instalan en el vapor. En las sombras, un joven anarquista espera el momento en que pasará a la Historia.

Pretendía atentar contra el heredero al trono de Francia, Henri de Orleans, que no estaba en ese lugar en aquellos momentos. Pero, como dijo después el asesino, le interesaba atacar a cualquiera que tuviera un cierto renombre. Lo importante era la publicidad y la propaganda.

El atentado contra Sissi acaba con su vida. Una pequeña lima le llegó directa al corazón y apenas hubo tiempo para intentar socorrerla, ya había muerto. Era el 10 de septiembre de 1898, pero más adelante se retoma con más detalles el asesinato de la emperatriz.

El emperador no puede menos que señalar que *no se me ha ahorrado nada en esta tierra*. Francisco José va a sobrevivir 19 años a su esposa, el tiempo necesario para quedarse en puertas del estallido de la Gran Guerra. Muere entre el 21 y 22 de noviembre de 1916. Será enterrado, como todos los miembros de la dinastía Habsburgo desde hace siglos, en la Cripta de los Capuchinos: 144 príncipes, 12 emperadores y 15 emperatrices descansan allí.

Se cierra una página de la evolución del Imperio austrohúngaro y también un capítulo de la Historia de Europa. Más hacia dentro, la trayectoria de la infelicidad de algunos seres humanos marcados por el hado selló definitivamente aquel espejismo en que se convirtió esa civilización del artificio que fue Viena y que se encarnó en un proyecto vital de carencias efímero y caleidoscópico para los infortunados que participaron en él.

María Festetics, que pasó tantos años en el entorno de la emperatriz, dejó un testimonio esclarecedor y tierno sobre su señora: *Me hace recordar a la niña de los cuentos. Las hadas buenas han venido y cada una le ha ofrecido un magnífico don: belleza, gracia, dignidad, inteligencia, espíritu. Pero el hada mala vino y dijo que ya le habían dado todo, pero que podía hacer que estos regalos se volvieran en su contra y no le garantizaran ninguna felicidad. Tu belleza te traerá sólo dolor y nunca conocerás la paz.*

VII.   MAYERLING O EL CAOS

Hay distintos tipos de versiones sobre el acontecimiento político más estudiado del Imperio austrohúngaro.

Después de más de cien años, como afirma Giovanni Pizzorno, se sigue hablando, a veces incluso fabulando, sin pruebas suficientes.

Los historiadores tienen unas dudas razonables sobre la versión oficial, mientras que los cineastas fantasean y dejan correr su imaginación creando propuestas fantásticas sobre el *caso Mayerling*.

¿Se trató de un suicidio compartido por dos enamorados sin porvenir o fue un asesinato político? ¿Por qué se manipularon las pruebas, el lugar del crimen y se hizo incluso desaparecer una de ellas, es decir, el cuerpo de María Vetsera?

Zita de Habsburgo, viuda del último emperador, Carlos I, había prometido que aportaría documentación e información sobre este espinoso asunto, pero se llevó el misterio consigo cuando se apagó la luz de su vida, que fue muy larga.

Otto de Habsburgo, hijo de los últimos emperadores, también dio su palabra cuando dijo que esclarecería los sucesos luctuosos de la muerte de su antepasado, pero tampoco lo hizo.

Mayerling se acerca al escenario de una novela de misterio, donde no están ausentes los grandes intereses políticos y la razón de Estado. Un *giallo*, como dirían los italianos.

El estudio y la valoración de los personajes resulta fundamental para intentar esclarecer los hechos.

Rodolfo de Habsburgo había nacido en 1858 de unos padres que ya tenían problemas en coincidir para planear armoniosamente una vida en común.

Se casa con Estefanía, hija de Leopoldo, rey de los belgas. De esa unión nacerá una única hija, Elizabeth (1883-1963).

Esta criatura, llamada así en honor de su abuela, fue conocida posteriormente con el apodo de *la Archiduquesa Roja*.

Se casó muy joven —como era tradicional entre las mujeres de la familia— con el príncipe Otto Windischgrätz. Tuvieron cuatro hijos, pero en 1919 llegó el divorcio. Elizabeth entabló una nueva relación con Leopoldo Petznek, con quien se casó mucho más tarde.

Rodolfo, que había tenido una educación draconiana durante muchos años de su niñez, hasta que lo rescató su madre de los rigores de los instructores militares, era guapo, inteligente y sensible.

Se codeaba con intelectuales, periodistas, científicos y se pone en evidencia muy joven, cuando escribe un opúsculo en contra de la nobleza austriaca.

En esta obra reivindica la necesidad de la implicación del ciudadano, y no el derecho divino de los reyes, en la elección de los jefes de Estado. Se revela como un pensador liberal, alejado del modelo de príncipe heredero del Imperio.

Tiene como paradigma e inspiración a su abuelo José II, llamado el emperador jacobino, un partidario de la Ilustración. Admiraba a Francia e Inglaterra, mientras que tomaba distancia de las tesis políticas que esgrimían los dirigentes zaristas o prusianos.

Probablemente como reacción contra la educación que había recibido de pequeño, odiaba todas las manifestaciones del autoritarismo.

Como es bastante típico entre este tipo de personas con trastornos afectivos infantiles, también era adicto y consumidor de diversas sustancias, entre ellas morfina y cocaína.

Sin embargo, era pro militar y deseaba que Austria pudiera recuperarse de la humillación de la batalla de Sadowa. Concebía el Estado como una monarquía constitucional, capaz de aunar las diferencias de los distintos pueblos y etnias del Imperio.

Cuando inaugura la Exposición Vienesa de Electricidad, en lugar de pronunciar el discurso esperado en esta ocasión, se

80

adhiere a posiciones bastante más cercanas a la vanguardia política y a la disensión.

Lo suyo, como diría Freud, dentro de un conflicto más o menos edípico, es también un conflicto con el padre. Rodolfo nunca disfrutó de su madre, que se desdibujaba entre las ausencias cortesanas, los viajes y la propia melancolía.

De hecho, su amistad con el fundador del *Neues Wiener Tagblatt*, Moriz Szeps, lo secuestra del entorno político del emperador y las ideas del grupo dominante. Se trata de mentes reaccionarias e inmovilistas.

Llega hasta la audacia de publicar libelos, escritos contrarios a las ideas obsoletas de la corte y el gobierno. En 1878 vio la luz su escrito *La nobleza austriaca y su misión constitucional.*

Su padre lo había tratado siempre con frialdad, como a su vez había sido educado por los suyos, distantes y convencidos de su papel en la corte y en Europa.

El emperador era una personalidad limitada en lo emocional, burócrata y falto de imaginación, de emociones contenidas. Había confiado la educación del niño al general Gondrecourt, a quien le sucedió el coronel Latour von Thumberg, a cual más severo y más rígido.

Elizabeth, por su parte, alejada del pequeño y de la familia, continuó viajando ininterrumpidamente durante los años 1862 a 1866.

Rodolfo, como en ocasiones su madre, gustaba de mezclarse con el pueblo, al calor de las clases menos favorecidas, alrededor de un *gulasch* o una cerveza.

Hablaba con la gente, mientras que cultivaba la amistad con representantes de la burguesía, muchos de ellos judíos. En esto también se parecía a Sissi, cuyo poeta favorito, Heine, también era de raza hebrea.

También se consideraba anticlerical, contrario a las guerras, lírico y propenso al vagabundeo intelectual, como Sissi, a la que sin lugar a dudas se parecía. Con su padre no había coincidencia ni entendimiento posible.

Hay más datos jugosos. Parece ser que Rodolfo, según lo que ha revelado el neurólogo Benedikt, médico del joven, se había enamorado de una joven judía, a quien se hizo desaparecer con rapidez del entorno del príncipe.

Rodolfo, sin embargo, respetaba y amaba a las mujeres, a pesar de la imagen confusa que Elizabeth le había permitido construirse de la psicología femenina.

De hecho, mantuvo muchas relaciones más o menos circunstanciales, hasta que hizo su aparición en la vida del heredero la que sería su última acompañante, María Vetsera. Con anterioridad había mantenido una relación bastante duradera con Mizzi Caspar.

Sea como fuere, una profunda desilusión y el sentimiento del desencanto vital le hicieron escribir lo siguiente cuando tenía sólo 30 años: *Cada año que pasa me envejece, me vuelve menos despierto, menos dinámico, porque el trabajo cotidiano, necesario y útil pero a la larga tedioso, agota la capacidad creadora...*

La jovencísima pareja de Rodolfo había nacido en 1871. Era hija de Helena Baltazzi y de un barón húngaro. El padre de María ejercía como diplomático, por lo que la familia viajaba bastante.

Se trataba de una joven soñadora y nerviosa, amante de los libros y de la música, con una educación excelente, amén de lo que había podido aprender en sus traslados con la familia.

Cuando estuvo en El Cairo parece que se enamoró de un oficial inglés y que luego tuvo algunos escarceos con miembros de familias reales.

María había conocido a Rodolfo de muy pequeña, la primera ocasión en Dresde y posteriormente en Constantinopla. A comienzos de 1888 la baronesa Vetsera y sus hijos volvieron a Viena.

María y sus andanzas amorosas no parecían importantes. Por esa época comenzó a ir al Prater, desde donde podía observar clandestinamente a Rodolfo.

Antes de volver a Inglaterra, la jovencita ya se encuentra muy ligada al heredero austriaco. Su hermana Hanna pensaba que no revestían importancia las niñerías de su hermana María, especialmente las que la vinculaban a una relación amorosa con el príncipe.

La joven respondía no sin cierta sabiduría: *Es un placer adorar a alguien que es tan diferente de los otros hombres.*

La condesa Larisch jugó el papel de intermediaria en estos acontecimientos. Fue ella quien hizo llegar una misiva de su enamorada al príncipe, que le propuso una cita. La condesa acompañó de *chaperon* a María a palacio para el encuentro con el heredero.

Corría el mes de noviembre, que también fue testigo de otros encuentros entre la joven pareja. Aunque ya no estuviera la acompañante, la joven siguió acudiendo a las citas, mientras su familia asistía a otras obligaciones sociales.

La relación amorosa fue *in crescendo*, de modo que en enero María ya estaba completamente encandilada con Rodolfo, que le hizo a su protegida varios presentes valiosos.

Uno de estos regalos fue un anillo con las iniciales de la inscripción *Unidos hasta la muerte.* La tragedia estaba ya gestándose en el corazón y la mente del hijo de la emperatriz.

María, por su parte, había hecho el mismo mes testamento. Se sucedieron otras citas, algunas de las cuales tuvieron lugar en el Prater o en el palacio de Schönbrunn.

La madre de la jovencita interviene y ésta acude al baile de la embajada alemana, donde se encontró con Estefanía, la esposa de su amante.

El emperador tampoco se privó de hacer recomendaciones a su hijo. Parece ser que Rodolfo tenía la intención de pedir al Papa la anulación de su matrimonio con la princesa belga, a causa de su infertilidad.

Siguió una escena terrible donde el soberano, inconmovible, no cedió un ápice en las súplicas de Rodolfo, quien, por su parte, amenazó con suicidarse.

María advirtió también a su madre de que iba a quitarse la vida. El lunes 28 de enero Rodolfo acude a Mayerling, que por entonces era un palacete destinado a la caza. Allí se encontrará con la joven.

Los datos comienzan a no encajar, ya que a pesar de que habían supuestamente planeado un suicidio para dos, el heredero había invitado para días posteriores al conde José Emmanuel Hoyos a una cacería.

El día 31 de enero también había organizado un encuentro con el conde húngaro Pista Kàrolyi.

El 30 de enero, temprano en la mañana, el ayuda de cámara Loschek va a despertar al príncipe, que le pide que regrese una hora más tarde. Es posible que ya hubiese matado a María con una pistola.

Se comentó que ambos jóvenes suicidas había dejado escritas varias cartas, que nunca vieron la luz pública; María, a su familia; y el príncipe, a su mujer y a su padre y a algunos amigos.

Surgió entonces otra circunstancia adversa sobre la ya luctuosa situación y es que el heredero, como suicida y homicida, no tenía posibilidad de ser enterrado en lugar sagrado.

Así lo determinó el cardenal responsable de la decisión eclesiástica, aunque finalmente la intervención del Papa León XIII posibilitó que se llevaran a cabo funerales religiosos y que Rodolfo pudiera ser sepultado en la Cripta de los Capuchinos de Viena.

El destino fue bastante menos condescendiente con la jovencita, que fue trasladada, ya muerta, en una carroza al cementerio de Heiligenkreuz por Alejandro de Baltazzi y el conde Stockau, donde la enterraron por la noche, a escondidas.

Hubo que esperar mucho tiempo para que a la familia de María se le permitiera ponerle una sencilla inscripción a la tumba de su hija:

Aquí yace María, baronesa Vetsera.
Nacida el 19 de marzo de 1871.
Muerta el 30 de enero de 1889.
Como una flor, el hombre brota y se marchita...

La madre fue obligada a abandonar Viena y no se le explicaron los detalles verdaderos de toda la tragedia, aunque se hizo responsable a su hija de la muerte del príncipe.

La casa de Habsburgo a través de sus herederos, la emperatriz Zita, ya fallecida, y el sucesor de la dinastía, Otto, a menudo ha declarado que algún día se descifrarán los secretos de Mayerling, pero las especulaciones continúan, ya que nadie ha aclarado finalmente nada.

Las circunstancias de las dos muertes permanecen, sin embargo, muy oscuras. No casan los testimonios de los sirvientes, a quien se pidió colaboración y juramento de silencio.

El conde Hoyos falleció en 1917 sin haber hecho comentarios posteriores a las declaraciones oficiales sobre la muerte de la pareja, pero un sobrino suyo aseguró que su tío comentaba a menudo que lo que se había dicho en la versión oficial no era cierto, que la realidad era muy distinta.

Felipe de Coburgo, cuñado del heredero, suplicó a los interesados que no hicieran más preguntas, que ya había sido bastante grave lo que había sucedido.

María Larisch era sobrina de los emperadores. Era hija del duque Luis de Baviera y tuvo una vida amorosa agitada. Dos años más joven que su primo Rodolfo, se casó con 17 años con el conde Larisch, pero ya madura se volvió a unir con un cantante y posteriormente con un americano llamado Meyers, muy rico.

Debió emigrar después de los sucesos de Mayerling, porque se la hizo responsable —y lo era— de la intermediación en la relación de los jóvenes fallecidos. En Londres escribió su biografía, donde intentaba alejarse de la responsabilidad habida en el suceso.

La condesa Vetsera, la madre de María, fue también obligada a guardar silencio y a respetar la versión oficial de los hechos, incluso recibió dinero por ello.

Hubo también un personaje, llamado Carolina Kaiser, citado por Pizzorno, que pretendía ser la hija de la emperatriz. Estaba al corriente de todos los cuchicheos cortesanos e intentó ser reconocida como hija y archiduquesa imperial, pero fue también acallada con una buena suma.

Llegó a publicar sin embargo un libro titulado *El secreto de una emperatriz* en Inglaterra en 1914.

Según esta informante, Rodolfo habría caído en las redes de una conjura reaccionaria o bien alimentada por el archiduque Francisco

Fernando para ocupar el trono, debido además a la falta de herederos varones del hijo de Sissi.

Parece ser que aquél realmente estaba muy interesado en la desaparición de Rodolfo, pero finalmente él también cayó abatido en el atentado de Sarajevo.

El heredero imperial podría haber sido efectivamente asesinado y su muerte hubiera beneficiado a muchos, incluso a los tradicionalistas y conservadores que opinaban que podía llegar a convertirse en un monarca excesivamente liberal para lo acostumbrado en el Imperio austrohúngaro.

El primer ministro de 1879 a 1893, el conde Eduard Taaffe, era fiel al emperador, conservador, clerical y guardó todos los documentos concernientes a Mayerling bajo promesa de absoluto secreto. En su herencia no había ningún tipo de rastro escrito que hiciera referencia a la tragedia.

Uno de los mejores amigos del heredero era Juan Salvador, archiduque e hijo del último gran duque de Toscana. Compartía las ideas liberales de su amigo y por consiguiente era muy crítico con la tradición y la política de la casa de Habsburgo.

Parece ser que confesó que Rodolfo había sido asesinado, pero poco tiempo después de la muerte del hijo del emperador, abandonó Viena, dejando allí su pasado y su futuro, se casó con una burguesa y se dedicó a viajar en el velero *Santa Margarita,* que naufragó en 1891 en Sudamérica. Hasta entonces, nunca más había hecho declaraciones.

El rey de los belgas, Leopoldo II, suegro de Rodolfo, expresó en esos momentos que la versión que se había dado sobre las circunstancias de la doble muerte de Mayerling era la única forma de *evitar un escándalo inaudito.*

Francisco José, por su parte, comentó a este monarca que *cualquier cosa es preferible a la verdad.* Hasta se llegó a valorar la posibilidad de un incesto. Los amantes, en efecto, podrían haber sido medio hermanos, en el supuesto de que el emperador y la madre de la joven hubieran mantenido una relación.

En la corte vienesa se escucharon distintos tipos de versiones: se anunció primeramente que el príncipe había muerto por una crisis cardiaca o en un accidente de caza.

La verdad es que a ninguno de los dos cadáveres se le realizó la autopsia y que nunca fueron encontrados los proyectiles que mataron a los jóvenes. En el lugar de la tragedia se construyó un convento.

Noticias más recientes sobre los sucesos de Mayerling vienen a arrojar más luz sobre lo que sucedió en realidad o, tal vez, simplemente, un nuevo escenario para la leyenda.

Fred Hift anuncia que existe un libro que se ocupa de esta historia. Se trata de *Crimen en Mayerling, la vida y muerte de María Vetsera.*

El autor es un periodista austriaco, cuyo nombre es Georg Markus, y salió a la luz en una publicación de gran tirada, el *Kronenzeitung.*

Según este escritor, un comerciante en madera que habitaba Linz, llamado Helmut Flatzensteiner, profundamente atraído por la cuestión de Mayerling, consiguió *exhumar el esqueleto de María de su tumba en el cementerio de Heiligenkreuz. Se lo llevó a casa y lo hizo examinar por patólogos sin revelar la identidad del cuerpo.*

Los médicos confirmaron que se trataba de los restos antiguos de una joven de aproximadamente 19 o 20 años y llegaron a la conclusión de que era posible que hubiera muerto de un disparo.

Estos descubrimientos sembraban algunas dudas sobre las tesis oficiales de lo que había ocurrido con el heredero y su acompañante.

En su día, y tal como hemos dicho antes, corrieron rumores vinculados a la posibilidad de un envenenamiento del príncipe coronado o a la hipótesis de que hubiera sufrido un ataque al corazón.

Pero otras opiniones vinculaban el suceso con el posible asesinato de Rodolfo por parte de la policía húngara, debido a sus inquietudes revolucionarias y rebeldes a favor del pueblo magiar.

Como señala el libro de Markus, tuvo lugar un encuentro muy desagradable y violento entre el heredero y su padre, el emperador, el 26 de enero de 1889, durante el cual el hijo de Elizabeth había solicitado la anulación de su matrimonio con la princesa Estefanía Coburgo.

Otras suposiciones se inclinan a considerar que el emperador había pedido a su hijo que abandonara definitivamente sus relaciones con la joven Vetsera y, aún más, que el soberano había oído comentarios sobre la posibilidad de que estuviera encinta como consecuencia de una relación que duraba ya varios meses.

Para colmo de males, Rodolfo pertenecía a la masonería, una sociedad secreta que estaba prohibida en Austria.

Según el autor de referencia, Markus, es posible que el heredero decidiera quitarse la vida a continuación de esta entrevista y aboga por la eventualidad de un pacto suicida ente los enamorados.

De la misma forma que Rodolfo temía vivir solo, también era posible que tuviera miedo de morir solo. De esta forma se hizo evidente su deseo de morir junto a otra persona. Fue el destino de María Vetsera ser elegida para completar este plan, escribe Markus.

Desde luego María no fue forzada a participar de la muerte compartida, pero la suya era una relación sin futuro y estaba —parece ser— desesperadamente enamorada de Rodolfo.

Todo llevaría a asegurar, pues, que el heredero primero disparó a su amante y a continuación se suicidó.

Markus, por si fuera poco, agrega otra versión a todo el asunto y apunta la posibilidad de que María hubiera sufrido un aborto antes o mientras estuvo en Mayerling y hubiera podido morir de un envenenamiento de la sangre.

Hay otras teorías que aseguran que la tumba de la joven había sido abierta, revisados sus restos y que no había en verdad indicios de que hubiera muerto de un disparo. Esto, evidentemente, contradice la versión de Flatzensteiner.

Fred Hift explica que Markus publicó su libro, traducido con corrección por Carvel de Bussy y editado por Ariadna Press.

Como el robo de tumbas es un delito, parece ser que informó a la policía de su acto antes de publicar sus investigaciones.

El libro de Markus saca a relucir todo tipo de detalles jugosos, pero omite otros. Markus recuerda —y no ha sido el único— que la madre de María había tenido una relación con Rodolfo años antes de que su hija y él se enamoraran.

Sin embargo, omite la información que establece que hubo en verdad un encuentro entre la emperatriz y Helena Vetsera durante el cual la afligida madre le preguntó a la soberana qué le había sucedido a su hija desaparecida.

Sissi le dijo a la madre que su hija había envenenado a Rodolfo, lo que, obviamente, no era cierto.

El libro vuelve sobre el extraordinario y tétrico traslado de María, ya muerta, al cementerio, a medianoche y a hurtadillas, de forma que la circunstancia de su muerte y de su presencia en Mayerling no fueran una evidencia para nadie.

Posteriormente, y hasta el día de hoy, ha habido libros, películas, reportajes y programas de televisión, tratando de bucear en el suceso e intentando buscar explicaciones a lo ocurrido.

Si fue un suicidio, un homicidio o qué sucedió realmente siempre permanecerá en las sombras, porque como escribe Hift, *la corte imperial no tenía ningún interés en que la verdad aflorara.*

Hay otra reseña del libro de Markus escrita por Cathleen Myers, en la que resume lo que ya hemos comentado sobre la obra y los sucesos de Mayerling.

Como novedad, se incluye la acotación de las numerosas fotos de la muchacha, nunca antes publicadas.

De todas maneras, Myers recomienda, si se tiene interés en saber más sobre los acontecimientos de la pareja más desafortunada del Imperio, recurrir a la lectura de la obra de Philip Morton *A nervous splendor.*

Art Beéche es otra de las aportaciones al intento de dar a Mayerling una cobertura razonada y coherente. En su artículo *Los fantasmas de Mayerling,* después de una introducción con datos conocidos por todos, explica que la emperatriz Zita, fallecida en 1989, había dicho una vez que el heredero había caído víctima de una conspiración internacional orquestada por Georges Clemenceau, el primer ministro francés.

De acuerdo con las teorías de Zita, bastante fantásticas por cierto, Rodolfo quería arrojar del poder a su padre con la anuencia de Clemenceau, siendo ambos germanófobos.

Este particular hubiera permitido a Austria acercarse políticamente a Francia y abandonar su alianza con Alemania.

Parece ser que, según la última emperatriz de los Habsburgo, el príncipe coronado se negó a participar en la conjura y fue asesinado para asegurar su silencio.

Para mayor confusión, fue descubierto, según Beéche, que algunos días antes de la Navidad de 1992, los restos de María había sido exhumados del cementerio. Los resultados de la nueva autopsia revelaron que no tenía el cráneo roto, como si le hubieran disparado con un arma, sino que tenía marcas de golpes, probablemente causados por una herramienta de jardinería, pero no por un proyectil, como siempre se había asegurado.

Por otra parte, *el 9 de febrero de 1889, el embajador alemán en Viena envió una misiva a Berlín, en la que incluía una conversación entre el nuncio papal, monseñor Luigi Galimberti, y el capellán de la corte habsbúrgica, monseñor Lorenz Mayer.*

El embajador informó de que los dos prelados, que estaban muy informados, tenían serias dudas sobre la versión social de la corte en torno a los acontecimientos de Mayerling.

En 1946 la tumba de la desventurada María Vetsera fue otra vez *revisada,* esta vez por las tropas soviéticas. Tal vez lo hicieron en esta ocasión en búsqueda de joyas. La profanación no fue descubierta hasta 1955, cuando el Ejército Rojo abandonó Austria.

En 1959 nuevamente algunos especialistas acompañados por integrantes de la familia Vetsera revisaron el cuerpo y llegaron a la conclusión de que no había rastros de herida de bala en la cabeza.

Por lo visto, los hechos mostraban que era probable que María hubiera sucumbido a los golpes de los asesinos de su amante.

El cuerpo de Rodolfo también presentaba restos de señales de lucha y laceraciones, como si hubiera sido golpeado con fuerza.

Sus manos además estaban erosionadas, con toda probabilidad en el curso de su intento de defender la vida luchando contra sus homicidas.

Con estos datos se podría llegar a la conclusión actual de que María no murió víctima de un enamoramiento letal, sino por *haber sido testigo de la muerte de uno de los asesinatos políticos más audaces jamás cometidos.*

Según Art Beéche, *la muerte de Rodolfo arruinó el matrimonio de sus padres, trajo una incertidumbre evidente sobre la sucesión imperial y finalmente acarreó el final de la casa de Habsburgo...*

Mayerling no sólo trajo consigo la muerte de dos enamorados, sino que también robó a los Habsburgo la persona que parecía más capaz de mantener la monarquía multinacional fuera de la posibilidad del colapso y la desintegración.

Mayerling es también el título de varias películas inspiradas en el drama:

—*Mayerling* (1936), dirigida por Anatole Litvak.
—*De Mayerling a Sarajevo* (1940), dirigida por Max Ophüls.
—*El secreto de Mayerling* (1949), dirigida por Jean Delannoy.
—*Mayerling*, una producción americana de 1957, con Audrey Hepburn y Mel Ferrer.
—*Mayerling* (1968), dirigida por Terence Young, con la actuación en los roles protagonistas de Omar Shariff, Catherine Deneuve y Ava Gardner (en el papel de Sissi).

Sin lugar a dudas, la más romántica de estas cintas es la de Anantole Litvak, que contaba como protagonistas con Charles Boyer y Danielle Darrieux.

Darrieux tenía 17 años, la edad de María cuando se filmó la película y se convirtió en una de las actrices francesas de mayor prestigio, especialmente en las décadas 40 y 50.

El filme se basa en la adaptación de la novela de Claude Anet, titulada *Idyl´s end,* y capturó completamente la atención de la audiencia de esos años.

Según las referencias y la opinión de James Travers (2003), no se parece en nada a la versión de Terence Young, más fría y distante, muy lejos de la versión romántica y apasionada de Anatole Litvak.

La película de Max Ophüls también cuenta con un reparto y una factura impecables. Se encuentran entre los actores principales Edwige Feuillère, Aimé Clariond, Gabrielle Dorziat y John Lodge.

Otras películas relacionadas con el tema:

—La ya clásica trilogía de Ernst Marischka, sobre la vida de una Sissi joven e ilusionada.

—*Ludwig* (1973), de Luchino Visconti, relata la trayectoria de Ludwig II de Baviera, primo hermano de Elizabeth, con Romy Schneider en el papel de la emperatriz y Helmut Berger en el del rey de Baviera.

—*Katia* (1959), de Robert Siodmak.

—*1914* (1931), de Richard Oswald.

—*Katia* (1938), de Maurice Tourneur.

—*Lola Montès* (1955), de Max Ophüls.

—*El rey loco* (1955), de Helmut Käutner.

—*Atentatu Sarajcvu* (1975), de Veljkp Bulajic.

—*Ludwig, réquiem por un rey loco* (1975), de Hans-Jürgen Syberberg.

—*Vizi privati, pubbliche virtù* (1975), de Miklós Jancsó.

Ésta es una curiosa película, que pasó en España por cines pequeños, de culto. Se trata de una versión erótica y atrevida de los acontecimientos de Mayerling, donde los enamorados, rodeados de una corte de despreocupados vividores, son muertos a tiros por los soldados de Francisco José, que ha perdido definitivamente la esperanza de recuperar a su hijo para la ortodoxia de la casa de Habsburgo.

Es posible que el filme sea difícil de conseguir o esté incluso descatalogado, pero se recomienda su visionado por la plasticidad y la estética con que se abordan sucesos históricos muy a menudo narrados sin imaginación y sin ningún tipo de belleza en el lenguaje cinematográfico.

Existe otra obra, un ballet, *Mayerling*, de Franz Liszt, coreografía de Kenneth Macmillan, con argumento de Gillian Freeman. El papel de Rodolfo se le encarga a Jonathan Cope y Tamara Rojo brilla en el rol de María Vetsera.

Se estrenó en la Royal Opera House, por el Royal Ballet, y se representó entre el 17 de marzo y el 6 de abril de 2004.

Se trata de una propuesta donde, según A.C. Grayling, *se dramatiza lo psicológico. Es un ballet brillante, brillantemente montado y ejecutado.*

El comentario realizado por Grayling sobre esta obra es al menos sorprendente. Directamente entra en el fondo del asunto de las dudas sobre las circunstancias de las muertes de Mayerling y opina: *No hubiera sorprendido a nadie si el heredero hubiera sido asesinado por orden de su padre para evitar un riesgo sin esperanza para el destino del Imperio.*

La erótica y amenazante mezcla que resulta es presentada con un lujo penetrante de detalles por Macmillan, dejando sin aliento al espectador al final.

Jonathan Cope baila cada matiz de esta devastadora historia a la perfección. Se trata de un gran papel en un ballet formidable, que no se puede dejar de ver.

Como se puede observar por la cantidad ingente de bibliografía, películas, obras, incluso ballets realizados sobre el tema de Mayerling con el fin último e inconfensable de echar luz sobre estos acontecimientos, demuestran que el interés por el *caso* sigue tan vivo como en el momento en que sucedió.

Sus protagonistas, sin embargo, a los que Art Beéche llama sin ambages *los fantasmas de Mayerling*, siguen vivos y confían tal vez en que en algún momento más propicio que el suyo de la Historia, un alma caritativa que desvele su secreto les permita finalmente descansar en paz.

También se puede citar la obra puesta en escena en el teatro Auf der wien, dirigida por Harry Kupfer y en el rol de Elizabeth, la cantante Pia Douwes.

Existe también un montaje llamado *El jardín transfigurado* sobre Elizabeth, de Philippe Clévenot; en el papel principal, Bérengère Bonvoisin.

VIII. LA EMPERATRIZ ELIZABETH Y SU VINCULACIÓN CON HUNGRÍA

Elizabeth siempre sintió una fascinación especial por Hungría, un país que le recordaba su libertad perdida, dominado por la *puszta,* la planicie donde pastaban perezosamente los caballos.

Sissi idealizó a los húngaros, mitad campesinos, mitad cortesanos, pero siempre nómadas y soñadores.

Probablemente la figura emblemática de ese afecto fue la del conde Andrassy, con quien entabló una relación que duró hasta la muerte del conde en 1890.

Andrassy había sido condenado a muerte en 1849 por el gobierno austriaco, pero su sentencia fue conmutada.

El noble había marchado a Estambul en 1848 para salvar de la extradición a los refugiados húngaros. Fue acusado de alta traición y se exilió a Londres y a París. No volvió a su país hasta 1858.

Sucedió a Déak en los asuntos de Estado. Se había casado en Francia con una mujer hermosa y seguiría siendo toda su vida un hombre fascinante.

Sissi lo había conocido en enero de 1866, cuando se presentó en la corte cubierto con una piel de tigre. La reina le correspondió vistiendo con mucha gracia el traje típico magiar.

A pesar de los rumores de idilio entre Sissi y el conde, se trató únicamente de un vínculo platónico —dicen los expertos— pero intenso y de confianza.

Catherine Clément hace una descripción que entusiasma de la relación de los jóvenes románticos: *Andrassy encarna la pasión de los corazones, la libertad de sentimientos; mejor o peor, es lo opuesto al emperador.*

Se estableció entre Elizabeth y su Bello Colgado un amor cortés en la más pura tradición de los trovadores: adoración platónica y proximidad peligrosa constantemente sobrepasada, correspondencia secreta... no faltaba más que el escenario medieval.

El pueblo húngaro sin embargo, y Andrassy lo representaba a la perfección, no claudicaba en su voluntad de recuperar los antiguos derechos, proponiendo una relación de cooperación y de igualdad y no de sometimiento a la corona de Austria.

Para que Austria pudiera ejercer una autoridad tolerada por el pueblo magiar, debía volver a respetarse su constitución. Y así se hizo y esta decisión valiente en la que mucho influyó la persuasión de la emperatriz permitió que ella y su esposo fueran coronados como reyes de Hungría.

Sissi se comprometió con la causa magiar más que con cualquier otra idea. Estudia la historia del país y conoce la importancia de sus símbolos. Consigue entusiasmar incluso a Déak, no solamente a la nobleza representada por Andrassy. En cuanto al viejo político, corresponde a la joven reina con toda su fidelidad y gallardía: *Consideraría una cobardía volverle la espalda a la emperatriz cuando se siente desgraciada, después de haberla festejado cuando los asuntos de la dinastía marchaban bien.*

A finales de enero de 1876, la emperatriz es informada de que Déak está agonizando. Le aconsejan no acudir a la cabecera del enfermo, pero nadie impedirá que presente sus respetos a los restos mortales del sabio húngaro.

Las consecuencias en la corte de Viena de la devoción de la reina a sus súbditos magiares le trae numerosos enemigos y le acarrea disgustos que eran previsibles.

La archiduquesa Sofía, que odiaba a los húngaros, culpó a su nuera de haber olvidado los sucesos de 1848. El viejo Kossuth, por su parte, condenó seriamente el compromiso austrohúngaro y siguió vigilando la evolución de los acontecimientos.

Con ocasión de la coronación, Sissi se dirige a Horvath, miembro tradicional de la izquierda magiar, y su discurso resulta verdaderamente sorprendente: *Yo no era miembro de la dinastía cuando fueron ordenadas, en nombre de mi esposo, muchas cosas que él mismo lamenta hoy en día. Si pudiéramos hacerlo, volveríamos a la vida a Luis Batthyany y los mártires de Arpad.*

La ceremonia de la coronación tuvo lugar el 8 de junio de 1867 en la iglesia de San Matías en Budapest, una hermosa ciudad antigua, donde se escuchó la *Misa de la Coronación*, que el músico Franz Liszt había compuesto para la ocasión.

El emperador tuvo que galopar sobre un cúmulo de tierras, traídas de todos los rincones del país y prestó juramento hacia los cuatro puntos cardinales. A pesar de su falta de veracidad histórica, esta vez la película de Ernst Marischka sí que recoge fielmente esta circunstancia.

El afecto de Sissi por Hungría durará más allá de su muerte, a pesar de la habilidad de quienes intentaron disuadirla de este sentimiento.

Cuando en 1880 comienza a pensar en el destino de su obra poética, considera diez años después la posibilidad de confiarla a Suiza, con una decisión muy concreta: *El producto de las ventas, de aquí a sesenta años, deberá servir exclusivamente para los hijos en situación precaria de los condenados de la dinastía austrohúngara.*

La verdadera ofensa llegó para los húngaros cuando en el catafalco de Elizabeth hicieron desaparecer la inscripción que la definía como reina de Hungría, habiéndose limitado los jefes de protocolo a que sus restos mortales conservaran sólo la leyenda de emperatriz de Austria.

Las buenas intenciones de la reina bávara, de Erzsebet, como la llamaban los húngaros, no tuvieron posteriormente unas consecuencias positivas para el conflicto húngaro.

El país no tenía un peso real en el equilibrio del Imperio. Los nacionalismos promovieron reacciones antiliberales furibundas y a raíz de esta situación, los judíos austrohúngaros comenzaron a pagar un precio que se haría cruel e inexorable durante la Segunda Guerra Mundial.

Pero quedaron sus buenas intenciones para la Historia, su ternura por el amigo muerto, el poema que escribe a la memoria de Andrassy:

> *Mi mano no acaricia sino a él.*
> ....
> *En ti, venido de mi querida Hungría,*
> *en ti mi confianza es total.*
> *Renunciaste al rango*
> *y a los honores.*
> *Tú sólo me querías a mí*
> *para ti he sido más que una reina*
> *y te has sacrificado.*

El ceremonial de la coronación estaba lleno de símbolos. Como relata Renate Stephan, durante el acto, *la ceremonia disponía que la corona debía ser apoyada en la cabeza del rey, pero ser sostenida sobre el hombro derecho de la reina.*

La corona de San Esteban, con su cruz torcida, fue parte esencial de la ceremonia. Se dio el caso de que durante la Segunda Guerra Mundial se perdió y fue encontrada en un campo por unos soldados. Cyrus Vance la devolvió a Hungría en 1985.

Es relevante, pues, y reconocido por todos el papel jugado por la nueva soberana de los húngaros en la recuperación de sus antiguos derechos, que habían sido largamente pospuestos por los antecesores de Francisco José.

Sin embargo, la sociedad vienesa, celosa y cicatera, se venga, criticando las preferencias de la soberana por las tierras magiares: *No sólo no se hablaba mucho en Austria del ausgleich (compromiso) con Hungría, la opinión pública (en forma de prensa liberal) empezaba también a criticar y mofarse de su hungaromanía, lo que para la emperatriz era motivo para ostentar aún más su predilección, tal vez incluso de manera provocadora.*

La malicia de los periódicos y también el rechazo de la sociedad vienesa, nunca pronunciado pero perceptible, hicieron que Elizabeth se alejase de la ciudad, cada vez con más frecuencia y por periodos más largos.

Fascinado como los húngaros por el temperamento de la soberana, el káiser Guillermo II, otro admirador de la emperatriz, exclamó: *No se sentaba, sino que tomaba asiento, no se levantaba, sino que se ponía de pie...*

Hungría tiene una leyenda poética, romántica, pero también luchadora. De hecho, en la actualidad, los descendientes de Atila, el rey de los Hunos, que asolaron sus praderas reclaman que se los considere una minoría dentro del país con derechos propios.

Hay una tradición de reivindicaciones en las tierras magiares, que incluso se hicieron patentes durante la época de la dictadura de Stalin, ya que Hungría fue el primer país que se levantó contra la opresión soviética. Sin suerte.

Sin embargo, el reformismo y la lucha por las libertades tenían en el país en el siglo XIX nombre y apellido: Franz Déak, inspirador de las nuevas ideas y de la monarquía dual.

Había sido discípulo de Tocqueville y pertenecía al grupo de los doctrinarios o centralistas.

La filosofía de este librepensador fue introducida por Ida Ferenczy, su íntima acompañante, a la emperatriz. Déak estaba considerado como *el sabio de la nación* y fue ministro de Justicia durante el periodo revolucionario de 1848, en el gobierno de Batthyany, un moderado que sin embargo no cejaba en sus reivindicaciones nacionalistas.

La nueva monarquía dual tendrá dos parlamentos, pero compartirá ejército, el Ministerio de Asuntos Exteriores y las finanzas.

Del nuevo ordenamiento salen beneficiados especialmente los húngaros, pero sus privilegios resultan un agravio comparativo para los checos, los eslovacos, los polacos, los croatas y los italianos.

El palacio de Gödöllö, una residencia del siglo XVIII, fue el regalo del pueblo magiar a la pareja y se convirtió en una de las residencias favoritas de la soberana. Todavía puede visitarse.

La manufactura húngara Herend, para festejar a los soberanos, creó una porcelana como recuerdo del acontecimiento para la emperatriz Elizabeth que se utilizó en el palacio de Gödöllö.

En la actualidad lo vende en Viena y Salzburgo el antiguo proveedor de la corte imperial, J.& L. Lobmeyr.

Hungría se transformó en una tierra de refugio para Sissi, igual que ocurrió con su casa familiar en Possenhofen. En estos lugares, se dedicaba a una de sus pasiones favoritas, la equitación, y llegó a construir en el castillo húngaro una pista de circo para entrenarse.

Las ideas revolucionarias de Sissi venían de antiguo, tamizadas por uno de sus profesores húngaros, el conde Maijlath. A su regreso de Corfú, en 1863, decidió que quería aprender húngaro, a pesar de haber fracasado en incorporar el checo, el francés y otras lenguas del Imperio.

Sin embargo, lo consiguió, como haría años después con el griego, y el húngaro se convirtió prácticamente en su lengua materna.

La buena gente campesina de Hungría, su idioma, su peculiar forma de ver la vida, sus vigorosos caballos, la *puszta*, enamoraron a Elizabeth.

Montaba de lado, el cabello recogido y con unos vestidos ceñidos, que se hacía coser directamente sobre el cuerpo. Para animarse pero para seguir cuidando de su silueta, únicamente una taza de caldo o dos copas de vino acompañaban la cabalgada habitual.

Sin embargo, también en Gödöllö, uno de sus palacios más acogedores, escribió unos poemas donde dejaba traslucir una tristeza insondable:

En mi gran soledad,
compongo pequeñas canciones;

mi corazón, lleno de amargura y de tristeza,
pesa con fuerza sobre mi espíritu.
Antes, era tan joven y tan rica
de alegría de vivir y de esperanzas;
me creía la más fuerte,
y el mundo entero todavía se me ofrecía.
He amado, vivido,
he recorrido el universo
pero nunca he conseguido lo que perseguía.
(1886)

IX. EL VÍNCULO DE SISSI
CON ITALIA

Las relaciones de la emperatriz de Austria con Italia no son tan románticas como las que mantuvo con Hungría, el territorio preferido y sin duda de elección en su imaginario de eterna adolescente.

De hecho, podríamos decir que, grosso modo, en la patria de Verdi, nunca quisieron a los amos del Imperio austrohúngaro, aunque no todas las ciudades o provincias se comportaron igual en su situación de dominio y en la respuesta que dieron al vasallaje de los Habsburgo.

No hay que olvidar, además, que fue un anarquista italiano, Lucheni, el que puso fin a la atribulada vida de Sissi, el 10 de septiembre de 1898, con lo que las consideraciones sobre los territorios italianos y la reina de Hungría siempre les serán desfavorables, especialmente si las comparaciones incluyen la patria magiar.

Sin embargo, hay una documentación cuidada y profusa recogida por las diferentes provincias italianas del Imperio en relación con los sucesos que vincularon el país con los emperadores.

Efectivamente, se llevó a cabo una muestra de febrero a abril del 2001 en Venecia, titulada, precisamente, *Elizabeth de Austria e Italia.*

Francesco Sicilia, que a la sazón era director general de la Oficina para Instituciones Culturales, escribió que *la presencia de Elizabeth de Austria en la historia europea del siglo XIX es significativa y duradera y se extiende más allá de los eventos que han caracterizado el hecho biográfico.*

Elizabeth supo poner en juego su indudable capacidad de mediación y su carácter, funcionando como colaboradora valiosa del soberano, a quien sugirió, en muchas ocasiones, atenuar el rigor del gobierno militar austriaco sobre los pueblos sojuzgados.

Este especialista explica en el catálogo de la exposición, bien realizado, imponente en ilustraciones, datos y fechas, que en la muestra se quiso presentar la imagen de Sissi tal y como fue vista por los italianos durante sus sucesivas visitas al país.

El recibimiento de la soberana en los distintos lugares que visitó en Italia fue diferente. Ciudades como Gorizia y Trieste la acogieron con simpatía, en ocasiones con entusiasmo, pero fue proverbial el desprecio y el rencor que le manifestaron en las provincias del reino Lombardo-Véneto.

Sin embargo, hubo sus luces y sombras en esta historia de desencuentros, filias y fobias entre las ciudades italianas y Sissi.

Una mujer veneciana, del pueblo, pronunció unas palabras, que la acercaban a otra entusiasta ciudadana de Milán, cuando dijo: *Bendita sea, qué buena elección que ha hecho nuestro patrón...*

Pero la nobleza y la alta burguesía, que soñaban ardientemente con la idea de una Italia a la manera del diseño que habían establecido Cavour o Garibaldi, conservaron siempre para Elizabeth un recibimiento y un trato gélidos.

Fue recíproco, ya que de esta zona la emperatriz guardó también malos recuerdos. Amaba, sin embargo, algunos paisajes italianos y sobre todo el mar, que le faltaba en Austria.

Le encantaba Venecia, porque estaba más a mano que Corfú o Madeira, más lejos de Viena. Mientras corría en pos de la libertad y de su afirmación individual como persona, abandonó su reino, su familia y sus obligaciones, para escapar detrás de sus sueños. El armazón de sus fantasmagorías y su oráculo íntimo.

Se convirtió en prisionera de su propia belleza, donde se estrellaban una y otra vez todos sus deseos, porque el drama de lo físico es la caducidad y la superficialidad de lo que está siempre destinado a ser exterior, superfluo, inasible.

Elizabeth empieza a morir antes incluso de su propia muerte. Especialmente después del suicidio de Rodolfo, o lo que ensombreciera para siempre el simulacro letal de Mayerling.

La emperatriz nunca se dejó llevar por el optimismo, como cuando escribía: *El ser más feliz es que el que se crea las mayores ilusiones.*

María Valeria, su hija predilecta, también se refirió a su madre con palabras cargadas de tristeza: *Mamá dice que es demasiado vieja y está cansada para pelear, que sus alas se han quemado y que sólo quiere reposar.*

Marina Versan, en el citado catálogo de la exposición de Venecia, explica así la fascinación que italianos, propios y ajenos, manifestaron por la emperatriz más misteriosa y extravagante de su siglo: *Elizabeth desaparece después de sus funerales, para volver a presentarse cincuenta años después, en una imagen mitificada, la de las películas de Ernst Marischka. Si hubiera sido la princesa dulce, buena y la madre ejemplar que ni siquiera la valiente Romy Schneider consiguió rescatar, no estaríamos aquí hablando de ella...*

Si Sissi no se ha convertido en manía, le falta poco. En Italia como en el extranjero. ¿El motivo? Se trata de ofrecer una renovada interpretación del personaje, de sus angustias, inquietudes y neuróticas excentricidades.

Para el pueblo italiano de hoy, bucear en la existencia huidiza pero fascinante de la soberana austriaca es darle una oportunidad de aflorar a la propia historia y a la reconstrucción —necesaria— del propio pasado.

Hay una pregunta constante de los italianos por esa confederación, la propia, de pueblos, ciudades, provincias, que pertenecieron durante muchos siglos a los señores de la casa de Habsburgo.

Después de la aventura napoleónica, de la paz sellada por los vencedores de Waterloo en el Congreso de Viena, el Imperio austriaco ya no tenía nada que ver con el de los tiempos de María Teresa.

Los territorios que volvieron a incorporarse al Imperio centroeuropeo en 1814 buscaron ventajas, privilegios, y comenzó un resurgimiento comercial, donde sin embargo quedaban fuera las ambiciones de tipo político. Llegarían más adelante.

En 1848 estalla el orden político de los gobiernos absolutos, Viena y su entorno es un hervidero de inquietudes nacionalistas. Europa se funde en ideales revolucionarios. Metternich, que había consagrado el paradigma político de otros tiempos, tiene que abandonar el país.

El continente tiene la voluntad de concebirse a sí mismo de otra manera y se presenta para Europa y Austria la posibilidad de crear un estado democrático federal.

1848 fue un año desastroso para Francisco José. En ese momento conoció a su prima Elizabeth, que por entonces tenía once años.

El 18 de agosto de ese año alcanza el emperador la mayoría de edad y en diciembre Fernando I abdica en su favor.

El año de las revoluciones en Europa trajo consigo modificaciones y replanteamientos en cada una de las regiones del Imperio.

En Hungría y en Italia, el deseo de libertad se parecía bastante a una guerra de independencia, mientras que en Bohemia comenzaban a dibujarse manifestaciones por la unidad eslava.

Manzini, el patriota italiano, escribe en *República o monarquía en Italia (1850): Y para que el pueblo exista, es necesario que conquiste por la acción y el sacrificio la conciencia de sus deberes y de sus derechos.*

La independencia, es decir, la destrucción de los obstáculos interiores y exteriores que se oponen a la constitución de la vida nacional, debe pues obtenerse no solamente para el pueblo sino por el pueblo. La guerra por todos, la victoria para todos.

La insurrección es la batalla librada para conquistar la revolución, es decir, la nación. La insurrección debe, pues, ser nacional; debe surgir de todas partes con la misma bandera, la misma fe, el mismo objetivo.

De cualquier lugar que surgiera, debe estallar en nombre de toda Italia y no debe detenerse hasta que la emancipación de toda Italia no sea conseguida.

Todas las imágenes de Sissi la muestran joven, ya que al cumplir los 30 años intentó ocultar su rostro.

Trieste, ciudad con una formación multinacional, se había manifestado a favor de unas libertades constitucionales más amplias, pero sin que ello entrañara la ruptura categórica que mantenía con el gobernante austriaco.

La pareja imperial llevó a cabo un viaje desde noviembre de 1856 hasta abril del año siguiente, pero no fue recibida en todas partes con la misma actitud.

En Milán y Venecia se les trata con frialdad, mientras que en Lubiana o Trieste los ciudadanos se muestran más amigables con los soberanos.

Como escribe Armando Zimolo, vicepresidente de la Asociación Italia-Austria, *Elizabeth entró en el imaginario colectivo debido a su fragilidad y belleza, como consorte de su sagrada majestad el emperador, intermediaria y apoyo del pueblo con el poder soberano.*

La monarquía muestra con Sissi y Francisco José su voluntad de imparcialidad a la hora de interpretar las exigencias de sus súbditos. No es una monarquía austro-italiana rechazada por los patriotas del Risorgimento y por los burócratas vieneses, sino el símbolo de un poder procedente del Sacro Imperio Romano Germánico, donde todos los pueblos poseen la misma dignidad.

De las ciudades italianas, Sissi escogerá a menudo Trieste, adonde retornará en 1888 con su esposo. Este lugar siempre fue para la soberana un punto de llegada y partida y sus ciudadanos organizarán en su día, después de su asesinato, la recogida de fondos para elevarle un monumento a su emperatriz.

El emperador, sin embargo, no estará allí para inaugurarlo, como sucedió con el de Maximiliano, en 1875, que había vivido en la ciudad en el palacio de Miramar.

Los poemas de Sissi todavía resuenan en esos lugares alejados de la patria natal:

Dejadme sola, dejadme sola,
para mí es lo mejor,
nada podrá ser como antes.
Es poco para mí lo que queda,

demasiado grande ha sido mi amor.
No he debido nunca dejarlo comprender.
Me has entristecido hasta la muerte
pero no quiero sentir rencor por ti.
....
No volveré más.
Todo el mal que me has hecho
lo dirán estos versos.

Como dice Armando Zimolo, son *historias de mujeres, de hombres, de pueblos.*

Poesías ocasionales y epitalamios para Sissi

La relación de Sissi con Italia no se parecía en nada al almibarado final de la película de Marischka en la Piazza San Marco de Venecia.

La verdad es que después de la unificación italiana, un proceso difícil y traumático, la emperatriz sentía que el italiano era un pueblo poco fiable, un territorio que era conocido como *el país de los traidores.* Un sentimiento ciertamente premonitorio de su asesinato por Lucheni.

El matrimonio de la pareja imperial, celebrado en Viena el 24 de abril de 1854, fue muy celebrado en la región del Véneto, con poemas ocasionales que seguían la tradición latina llamada *nuptialia.*

El volumen dedicado para la boda regia constaba de —entre otras obras— tres sonetos, un diálogo, tres odas (de las cuales una estaba escrita en dialecto friulano), un epitalamio y un dístico.

En una de las odas, de Giuseppe Corneliani, la soberana es considerada como *ángel de la paz y del perdón.*

Otras composiciones literarias volvieron a ver la luz con ocasión del viaje imperial de 1856 y 1857, documentadas en otra publicación a propósito de una boda, en esta ocasión la que unió a Maximiliano de Habsburgo, hermano del emperador, con su esposa belga.

La emperatriz siempre recibía los más encendidos elogios y entre los actos que tuvieron lugar para homenajear a la pareja, se llevaron a cabo una especie de *nuevos Juegos Olímpicos,* como los definió Codemo, antes del advenimiento del los del barón Pierre de Coubertin.

La trágica muerte de Sissi, además a manos de un italiano, también dio ocasión para la actividad literaria y poética.

Gian Pietro da Girante publicaba en la *Gaceta Letteraria* una oda sáfica fechada el 11 de septiembre de 1898, es decir, un día después del asesinato.

La emperatriz pasa de ser considerada una *bellísima enemiga* a una *dolorosa madre, o desesperada madre de Habsburgo.*

El autor, como tantos otros, hace referencia al dolor inmenso de Sissi por la pérdida de su hijo Rodolfo, el heredero del Imperio. Después de años de vagabundeo y de evidentes manifestaciones de un mal psíquico, la muerte es vivida y deseada por Elizabeth como una verdadera liberación.

Otros poetas famosos como Carducci y Gabriele d´Annunzio se volcaron en el recuerdo poético de la soberana.

No todo fueron románticas alusiones a la reina de Hungría. El 18 de septiembre de 1898, apareció en el *Guerrin Meschino,* de forma anónima, un alegato en contra de la *barbarie italiana.*

Marina Versan, siempre en el catálogo citado, escribe: *Elizabeth, con aquella figura tal vez construida alrededor de los elementos que preludian el final de un mundo, fascina hoy aún más que ayer, porque nos inclinamos a amar los personajes-símbolo de la fragilidad y el romanticismo femeninos.*

Por otra parte, también Elizabeth estaba segura de que la comprensión de las almas del futuro no la traicionaría.

Fue una mujer por delante de su época, excelente amazona, tripulante valiente ante la ferocidad de las tempestades marinas.

El palacio de Miramar, en Trieste, está construido sobre las aguas. Allí, en una galería abierta, se sentaba la emperatriz a contemplar la violencia del océano.

El mar —caparazón del viaje y metáfora del cambio y de la fuga interminable— se convierte en el otro yo de la soberana. *Quiero huir por el mar como el holandés errante, hasta cuando... desaparezca,* escribe.

Marina Bressan la describe como *una mujer llena de contradicciones, como aquella Sociedad Austriaca para la Paz, un idealismo que se libraba sobre la realidad en un imperio de propuestas imposibles, llenas de buenos sentimientos,* con las contradicciones que revelaría el escritor Robert Musil.

Elizabeth era consciente de que el boato y la pujanza del Imperio ya habían pasado, pero no hizo ningún ademán claro desde su rol de emperatriz para intentar frenar su declive.

Bressan cita la *Valse* de Ravel para referirse a la multitud de temas que ilustran la excentricidad de ese momento histórico, donde se alternan el culto de la apariencia, de la belleza y de la imagen, como una prefiguración de los peores designios en busca de identidad en que incurrirá posteriormente el siglo XX.

El caso de la emperatriz sirve para escenificar una personalidad hipersensible, víctima de sus propias neurosis cotidianas, como la propia Viena, por cierto, la ciudad de los deseos que sólo pueden realizarse en la fantasía. Una capital donde Sissi nunca encontró la paz y de la que siempre intentó —al menos físicamente— evadirse.

La muerte de Sissi en los periódicos italianos

A finales del siglo XIX Italia estaba viviendo momentos de turbulencia sociopolítica, donde el papel de la prensa se había puesto en discusión.

Comienza a cuestionarse seriamente la libertad de los periódicos en una situación que amenaza con complicarse cada vez más.

Es en estos momentos, de dramatismo en el presente, sobre el que se cierne un futuro dudoso, cuando, el 10 de septiembre de

1898, se hizo pública la noticia del asesinato de Elizabeth de Austria.

En ese mes de septiembre, muchos periódicos milaneses habían vuelto a reanudar sus publicaciones, después de cinco meses de suspensión por motivos políticos.

El hecho de que el asesino de la soberana fuera italiano y que, justamente, miles de ciudadanos de Italia se proyectaban hacia el exilio en varios puntos del globo, hizo que el suceso se analizara con otra mirada.

La prensa italiana reflexionó, a raíz de todas estas cuestiones, sobre el modelo de desarrollo de Italia y sus modelos institucionales y sociales.

Los bloques conservadores italianos aparecen homogéneos, pero los más progresistas sufren diferentes sacudidas en sus centros de poder.

La Iglesia, por su parte, tiene su propia visión de los conflictos, ya que considera al Estado italiano como una fruta envenenada del liberalismo y del proceso unitario que había limitado o terminado con el poder temporal de la Iglesia.

Cuando recibieron la noticia del atentado que acabó con la vida de Sissi, los periódicos estaban en prensa, con lo cual la noticia no pudo darse en tiempo real.

El asesinato se vivió a través de la prensa como *otro muerto por mano anarquista, otro muerto por mano italiana.*

Escribe Luigi de Angelis que *ésta era la cruda realidad que había que digerir: después de Carnot, después de Cánovas del Castillo, ahora era ella, la rosa de Baviera, y siempre italiana la mano que hunde el cuchillo en el pecho del poderoso de turno.*

En *L´illustrazione italiana* puede leerse que *esta mujer por la que, si no debido a sus desgracias y su edad debían sentir respeto aquellos que no quieren respetar el ordenamiento social y político, ha sido asesinada sin motivo y sin pasión, solamente porque era emperatriz y aunque a ella no le gustara ese papel…*

Está claro para muchos que su muerte resulta más intolerable que la de Carnot o Cánovas o Humberto I, porque Sissi no tenía ninguna culpa que expiar con su sangre, ni siquiera para los anarquistas. O tal vez no directamente…

Era necesario establecer una lectura concreta del hecho de que el asesino fuera, una vez más, un italiano.

La inmigración italiana, sumada a la facilidad con que los nacionales de la patria de Garibaldi aceptaban salarios más bajos y condiciones laborales más duras que otros trabajadores, irradiaba un perfil ambiguo de los italianos de finales de siglo.

Se los consideraba demasiados afectos al cuchillo, lo que a menudo provocaba conflictos entre las poblaciones locales y los inmigrantes italianos.

El asesinato de Elizabeth proporcionó una excusa suplementaria para actitudes xenófobas, como las que se vivieron en las manifestaciones de eslovenos en Trieste y en la península de Istria.

Estaba claro, también para la prensa, que había que hacer frente al fenómeno anarquista, tanto en el plano nacional como internacional, intentando conseguir acuerdos entre los distintos países involucrados para uniformar la legislación de seguridad pública y de derecho de asilo.

Por otra parte, un atentado anarquista volvía a poner de relieve las cuestiones vinculadas con las reivindicaciones obreras y todo esto subrayaba —como muy bien explica De Angelis— distintas posiciones y reacciones contrarias en la prensa.

Hubo todo tipo de opiniones recogidas en los periódicos de diferente orientación ideológica, pero habría que destacar la opinión del director del *Mattino* de Nápoles.

Edoardo Scarfoglio, un polemista de primera línea que escribe bajo el seudónimo de *Tartarin*, comenta que *los anarquistas asesinos… son el producto de toda nuestra inferioridad moral, de nuestra irreparable decadencia… No me acuséis de denigrar mi patria, como suele hacerse. Son estas verdades las que la denigran…*

La prensa conservadora señala sin ambages que es necesario reprimir no sólo el movimiento anarquista, sino cualquier intento popular o socialista.

El caso es que, según es bien conocido, la víctima escogida de Lucheni no era en principio la emperatriz de Austria, sino Enrique de Orleans.

Sea como fuere, periódicos como *La Tribuna,* de Roma, creen que los clericales y reaccionarios, que se agitan hablando de represión, lo hacen con el único interés de reducir los espacios de libertad generales y con el fin de someter de nuevo al pueblo al control de la Iglesia.

Para otros medios, Lucheni es un desequilibrado y, en última instancia, el instrumento de una asociación tenebrosa, que ha aprovechado su vulnerabilidad psíquica. ¿Qué ventaja tiene matar a una mujer indefensa? Ninguna. Es la explicación que da *Il Corriere dell'Isola.*

Para *Il giornale del mattino la Lombardia*, la causa de la propagación del movimiento anarquista se vincula al hecho de que a cincuenta años del Estatuto, no se ha llevado a cabo ninguna reforma, ni social ni económica, para aliviar al pueblo de su miseria.

Nuestro país es el que menos gasta en educación y donde más se invierte en armamento, dicen.

En *La Stampa di Torino* se proclama que *matar un rey no sirve para destruir un sistema. El rey ha muerto, viva el rey, vale incluso para los presidentes de una república. ¿Se ha hecho lo suficiente? ¿Se han tomado medidas de prevención y no sólo de represión?*

Otros periódicos, como *Il secolo XIX*, de Génova, proponen una lectura de la degeneración del anarquismo, que de movimiento filosófico, filtrándose en los estratos menos favorecidos de la sociedad, se ha transformado en una enfermedad.

Pero el homicidio de Lucheni forma parte de un inmenso mecanismo que tiene como fin enfriar las relaciones entre Austria e Italia. ¿Cómo es posible que, pese a la cantidad de policía secreta que interviene infiltrando sus agentes en los movimientos de tipo anarquista, no se sepa cuándo se puede organizar un atentado?

Son acciones individuales de gente que trabaja poco y viaja mucho, responde el periódico.

El *Osservatore Romano* reacciona también con energía y furia al atentado de Lucheni. Debe intentarse golpear a los autores directos e indirectos que destruyen la paz nacional e internacional, opina.

A continuación sigue un discurso antisemita, donde se acusa a los hebreos de mantener ritos satánicos. Se habla finalmente de regicidio político y regicidio social.

De Angelis, finalmente, buscando explicaciones posibles a la irracionalidad de la Historia, se pregunta por el personaje de Sissi. Defiende la idea de que hay muchas semejanzas entre su leyenda y la de Diana Spencer, la famosa Lady Di, que apagó sus días en el puente de Alma en París.

El autor destaca el irresistible impacto mediático de las dos mujeres, citando a Roberto Gervaso, que en nuestros días sintetiza en *Il Messagero: Sissi y Lady Diana: dos mujeres pequeñas que se volvieron importantes sin haber hecho nada grande, queridas por el pueblo, solamente por el hecho de que al pueblo le gustan las fábulas.*

Y señala, en ambos casos, la circunstancia que las envuelve en un epílogo trágico y tal vez incluso inesperado, inmerecido también.

Si en la segunda mitad del siglo XIX hubiera existido el despliegue de medios de comunicación que impera en nuestros días —escribe el autor citado—, Sissi hubiera disfrutado de poseer el récord de las primeras páginas de todo el mundo, debido sobre todo a la originalidad con que desempeñaba o, mejor, no desempeñaba su papel.

Como escribe una de las mejores especialistas en la biografía de la soberana austriaca, Brigitte Hamann, *la biografía de Sissi es la de una mujer que se negó a comportarse según las reglas de su posición social... No cumplió ninguno de los roles que la tradición y el medio querían atribuirle: ni el papel de esposa amorosa y devota, ni el de madre de familia, ni el de figura más representativa de un imperio gigantesco.*

Es posible que Elizabeth de Austria, en el momento de su muerte, revistiera una importancia mayor incluso de la que hubiera podido disfrutar por ser la consorte del amo de un Imperio.

La popularidad de que gozaba se debía más a la historia trágica y a las circunstancias dramáticas que envolvieron su vida que al papel —nunca ejercitado con profundidad y disposición— de soberana.

El asesinato de esta mujer peculiar, instiló una sensación clara de injusticia e incredulidad en el ánimo de los informadores de su época.

Mario Giobbe, del *Corriere di Napoli*, escribía que *toda vida humana es sagrada... pero aquella vida que el sexo, la edad, la condición real de la víctima y todo lo que de excepcional y de solemne confieren la belleza, la virtud, el heroísmo frente a las desgracias, la distinguen de cualquier otra.*

Existe la conciencia de que Sissi había muerto antes de morir definitivamente a manos del anarquista italiano en Suiza. Efectivamente, el suicidio de su hijo Rodolfo, si es que realmente no se trató de un asesinato, la había privado de cualquier intento serio de aferrarse a la vida.

Muchos intentaron buscar fuentes, orientaciones literarias y ahondaron en las aguas procelosas de la obra de Juliette Adam, *La sociedad de Viena*, escrita en 1885 y publicada en Milán con el seudónimo de P. Vasili.

Un periodista muy respetado en su época, contemporáneo de Sissi, Francesco Giarelli, divide la vida de la emperatriz en tres partes: *aquella feliz del compromiso y del periodo inmediatamente posterior a la boda, la de deportista y viajera incansable, que intenta huir de todos los sitios adonde la lleva su espíritu anhelante, y la tercera, que es la de la década posterior a la muerte de Rodolfo, durante la cual, destruida y con los nervios a flor de piel, continúa huyendo a pesar de que sabe perfectamente que nunca encontrará un lugar adecuado para detenerse.*

Toda la prensa del momento describe a la soberana como *la señora errante*, feminización del mito del hebreo errante, condenado a caminar, como fue condenada Herodías.

Giarelli, en *Il corriere dell'Isola*, propone un retrato más sobrio y respetuoso del destino trágico de Sissi y de sus hermanas (*Las cinco rosas de Possenhofen*).

116

Hay quien, sin embargo, identifica lúcidamente el atentado, como dirigido en realidad contra el propio emperador, hablando de la *agonía lenta de una raza de dominadores*, a pesar de lo cual establece que *nadie más digno, en este momento, que Francisco José, de nuestra compasión y admiración.*

Fabrizi, para terminar, escribe que *el emperador está en Schönbrunn, en el mejor lugar para el recogimiento y la meditación... Elizabeth le había aportado (al castillo) lo que todavía le faltaba: el buen gusto, la armonía sabia de las tapicerías, de los adornos, indicando dónde debían establecerse los jardines, los paseos... Pero lejos, sobre una pequeña colina... De aquella terraza era desde donde Elizabeth amaba soñar, mientras el silencio de la noche ascendía grave y solemne sobre el parque.*

X.   LA EMPERATRIZ Y SUS HÁBITOS ALIMENTICIOS

Es ya un clásico considerar a la soberana austriaca como una mujer que apenas se alimentaba y que se sometía a extenuantes paseos para mantener, a medida que pasaban los años, una figura esbelta, de eterna adolescente.

Mucho se ha comentado sobre la supuesta anorexia de la emperatriz. Es una enfermedad que afecta principalmente a las mujeres. Suele aparecer en la adolescencia, a menudo coincidiendo con periodos de estrés o crisis psicológicas.

Son problemas que tienen un comienzo casi imperceptible, pero es proverbial la preocupación excesiva de estos enfermos por no engordar, aun cuando su peso sea normal o esté muy por debajo de lo saludable, convirtiéndose la alimentación en el meollo de sus atenciones, mientras se dejan de lado otros aspectos de la vida cotidiana.

Hay también una distorsión de la imagen corporal porque el anoréxico siempre se ve gordo. Los afectados por esta disfunción alimentaria, emergente de una situación psicológica profunda y mucho más grave, realizan ejercicio físico hasta la extenuación, en ocasiones vomitan o escupen los alimentos, utilizan diuréticos o laxantes para perder peso y comen cada vez menos, a veces prácticamente nada.

Todas estas prácticas llevan consigo una repercusión en la salud que cursa con caída progresiva del cabello, sequedad de la piel, retirada de la regla en las mujeres y una desnutrición que puede afectar el aparato cardiovascular.

Aparece también un vello largo llamado lanugo y probablemente las características más llamativas de estas prácticas sean la negación del trastorno por parte del afectado y la vergüenza que acarrea este problema.

La reacción familiar y social ante el anoréxico o la anoréxica suele ser de rechazo o de malestar, ya que se trata de enfermos muy inteligentes, perfeccionistas y en ocasiones obsesivos y nada dóciles.

En las circunstancias que rodean la anorexia y también la bulimia, el hecho trascendental es la mirada que el afectado tiene sobre sí mismo, en efecto, tiene que ver con el modo en que la persona se valora y se percibe a sí misma.

En la época de Elizabeth, no eran frecuentes las mujeres delgadas. Sólo basta con recordar la figura robusta de la reina Victoria en su madurez.

Cada sociedad y cada época tienen una forma concreta de enfermar y las dietas no eran demasiado frecuentes en el siglo XIX.

Pueden estar presente en las vidas de las personas interesadas por su imagen, sin que ello implique una patología.

Sin embargo, aunque todos participamos de esta situación, es posible, que, como sucedió en el caso de Sissi, algunas circunstancias de la vida causen en algunas personas un empeoramiento de sus tendencias autodestructivas que se convierten en una verdadera obsesión.

Los enfermos de trastornos de la alimentación tienen relaciones interpersonales dificultosas, llenas de exigencias, dudas, conflictos. A menudo se aíslan o están bastante solos.

La manera y la situación en que las personas asimilan los mensajes externos, que pueden vivirse como amenazas o ataques a su individualidad, contribuye a que el enfermo viva, sienta o interiorice estos mensajes de una forma que lo lleve a enfermar o no.

La imagen corporal también tiene que ver con la aceptación y el éxito social, aunque no es probable que Sissi tuviera que preocuparse por la consideración de sus más cercanos o de otros miembros de la corte, dado que jugaba un papel preponderante en el corazón de la sociedad vienesa.

Con todo, entabló una especie de guerra de guerrillas con algunos personajes cercanos a ella, como el caso citado hasta la saciedad de sus conflictos con su suegra —y tía— Sofía.

Sin embargo, Erik Platzer sostiene que, según las últimas investigaciones, Sissi no permanecía alejada de las tentaciones que la cocina vienesa ofrecía a los ciudadanos de la capital del Imperio.

Existe, según este autor, información suficiente enviada al emperador sobre los hábitos de alimentación de su esposa. Marianne von Meissl, Ida von Ferenczy o la condesa Irma Sztáray, fueron las responsables de hacer llegar todo tipo de detalles sobre este particular al jefe del Estado.

Asimismo, pueden encontrarse registros sobre la planificación y organización de los banquetes que tenían lugar en la corte.

Siempre según Platzer, *los hábitos alimenticios de Sissi son un espejo de su vida errante y de los lugares que visitó, así como de sus numerosos viajes.*

En su niñez y adolescencia no se presentaron problemas de nutrición. Por el contrario, como todos los niños bávaros, amaba la cocina tradicional de su casa y le encantaba —entre otras costumbres culinarias típicas— la cerveza local.

Con la juventud, es conocido de todos, comienzan los problemas por no querer o no poder alimentarse de forma adecuada.

De hecho, el emperador se preocupa constantemente por la manía de Sissi de comer poco para conservar la figura: ... *me alegro muchísimo del maravilloso momento que me unirá de nuevo contigo, ángel mío.*

Me desespera el horrible modo de vivir al que te has acostumbrado y que debe perjudicar mucho tu salud.

Te suplico que abandones este tipo de vida y duermas por la noche, que la naturaleza ha destinado para dormir y no para leer y escribir.

No cabalgues tan violentamente. Come lo suficiente, para que no adelgaces demasiado...

Sin embargo, parece contradecir esta circunstancia el hecho de que siempre se trasladaba rodeada de cocineros y reposteros. En los años sucesivos, cuando comenzaron a aparecer albergues de categoría adecuados a la realeza, empezó a reducirse el séquito imperial dedicado al servicio de cocina.

Aparte de todo comentario sobre las costumbres de Sissi, justo es decir que la pastelería y los dulces de la capital del Imperio gozaron siempre de una reputación fuera de lo común en Europa. Todavía la famosa tarta Sacher es sinónimo de excelencia y tentación culinarias.

La emperatriz, sea como fuere, se encargaba personalmente, cuando estaba en Viena, del control y presentación de las comidas en la corte. Elegía los menús y cuidaba de que todo fuera perfecto. La etiqueta y la tradición vienesas así lo exigían.

Se conservan menús, recetas, postres, entrantes, todo tipo de comidas llevadas a cabo por o con la intervención de la emperatriz.

Según Platzer, fue después de la muerte de Rodolfo, cuando Sissi comenzó a privarse de comida y a ser diagnosticada de anorexia nerviosa.

Por entonces, bebía sólo leche, acompañada de un trocito de pan. Evitaba el alcohol, incluso los vinos de Madeira, que antes le encantaban, como fascinaron posteriormente a Rasputín.

También tomaba zumo de naranja o de carne, agua mineral de Karlsbad y zumo de uva, este último especialmente en Merano, donde acudía para realizarse unas curas.

A Sissi le encantaban los dulces. Muy a menudo los pasteleros Rumpelmayer, de Niza, y Demel, de Viena, se convertían en los proveedores escogidos de la capital. En ocasiones se veían obligados a copiar las recetas de postres que la emperatriz había probado en distintos lugares del mundo durante sus numerosos viajes.

La reina de Hungría solía consumir bizcochos, *bretzel* y tartas dulces y saladas, costumbre que siguió hasta el final de su vida.

Su cocinera personal, Theresia Teufel, le preparaba platos especiales y muchos otros cocineros célebres intentaron que la soberana se aficionara a sus recetas para inmortalizarlas y dedicárselas a ella.

En la época en que todavía consumía alcohol, prefería las cervezas Spaten, Pilsner o Märzen. Le encantaba el champán Moët

Chandon o los vinos dulces, el ya mencionado Madeira o las variedades de Marsala, Porto o Moscatel.

La leche, de vaca o cabra, no faltaba en la ingesta cotidiana. A menudo este tipo de animales acompañaba a la soberana en sus desplazamientos.

Dentro de las recetas a las que era más aficionada, se encuentran el arroz Trattmansdorff o el *gulasch*, guiso de carne típico de Hungría y Centroeuropa. No faltaban tampoco el *strudel* o el *strauben*.

Entre las verduras prefería las alcachofas y los espárragos y le gustaban sobremanera las ostras y el caviar. También consumía pescados y mariscos, así como huevos, *omelettes* y quesos.

Feifalik, su consejero personal, ordenaba a menudo menús completos a diversos establecimientos, aunque la emperatriz sólo comiera parte de la comida.

Todavía podemos consultar el pedido que en 1894 Feifalik pasó al señor Franz Joseph Österreicher, hotelero de Madonna di Campiglio, para preparar un desayuno para *su majestad*.

Sissi viajaba habitualmente en tren, de incógnito, aunque no se puede asegurar que el transporte la llevara tan rápido como exigían sus sueños…

XI. LA ESCAPADA AMOROSA
Y EL CUENTO DE HADAS

Sissi se veía a sí misma como Titania, alrededor de la cual se arremolinan las hadas.

Elizabeth tuvo siempre una corte femenina, que años después de que se perdiera definitivamente el control y la influencia sobre su vida pública y privada de Sofía, la madre del emperador, pudo organizar a voluntad.

Este séquito de mujeres se adapta a las situaciones y a los requerimientos de Sissi a la perfección, la cuidan, la acompañan, la protegen, responden a todos sus deseos.

Al frente de este círculo privilegiado, Fanny Angerer, la peluquera, que se ocupa de sus interminables trenzas, convertidas en seña de identidad e innombrable fetiche.

La cabellera mítica de Elizabeth se convirtió en leyenda y la peluquera debía esconder los cabellos desprendidos para evitar el oprobio de la exigente dueña. Los cabellos se habían convertido en la metáfora del narcisismo y la dedicación volcada sobre sí misma de la emperatriz.

En ocasiones, la identificación con Sissi era tal que la reemplazaba, cuando debía presentarse, de lejos, a acontecimientos y desfiles de la corte.

El resto del servicio, de origen húngaro, escogido cuidadosamente por la propia soberana y citadas abundantemente: la preferida, Ida Ferenczy, María Festetics, la condesa Sztáray.

Su reina les exige todo, como escribe Catherine Clément: *Las marchas forzadas, el celibato voluntario, una discreción absoluta y una distancia adecuada a las normas de la corte de Viena.*

125

La muerte de la emperatriz, objeto único de su dedicación, las deja abandonadas, sin justificación para continuar en la corte vienesa.

Ida solloza delante de su féretro: *He perdido todo con ella, marido, hijos, familia, felicidad. Mi reina bienamada ha sido todo eso para mí.*

María, por su parte, asiente, dolorida, refrendando las palabras de Ida: *Nos pertenecía lo mejor de ella misma… nadie podrá arrebatárnoslo, es nuestro tesoro.*

Existía también un círculo menos próximo, en el que se difuminaban algunas mujeres más exóticas, las amazonas.

Entre ellas puede citarse a Elise Renz, integrante del circo que fascinaba a Sissi, y Emilie Loiset, que también formaba parte de la *troupe* circense.

En el equipo del circo también estaban los payasos, Beau y Price, y Louise Bridge.

En cada uno de sus castillos, Sissi incluía la misma imagen: un hada que abraza con ternura a un hombre con cabeza de asno. Villa Hermes, bautizada de esta forma debido a la estatua del dios griego, no fue una excepción.

La vida para la soberana debía adaptarse a sus expectativas: amoríos, fuga de la realidad, encuentros a escondidas, pérdidas y enamoramientos propios y ajenos. Un mundo fantástico, con escasa conexión con lo cotidiano y lo real.

Entre la corte de admiradores que la adoran, la emperatriz destaca a Imre Hunyady, el enamorado de Madeira, su acompañante en las aventuras ecuestres, de Inglaterra, Bay Middleton, que le rompió el corazón al casarse y murió de una caída de caballo. Sin embargo, se habla de amores platónicos, poco carnales.

La lista es larga. La autora previamente citada, Clément, habla de una verdadera *Barbazul*. El mismo desinterés y el mismo distanciamiento que el personaje de cuento dispensa a sus mujeres abandonadas, muertas.

El poema de Elizabeth no deja lugar a dudas:
Voy ahora solitaria
desde hace muchos años.

Incluso en el Hades no hay
ningún hombre que me haya importado.

La verdad es que Narciso sólo puede amar su propia imagen reflejada en el espejo, o en el estanque donde finalmente se ahoga.

Su propio marido no le despierta realmente mucho más afecto que esa galería de fantasmagorías de fábula, contempladas con frialdad y poco acercamiento.

El esposo, sin embargo, firma sus cartas a la emperatriz auto-definiéndose como *tu pobre pequeño, tu hombrecito solitario*. Elizabeth, por fin, se rinde ante la ternura y la dedicación del esposo una y otra vez abandonado por un espejismo.

A pesar de los coqueteos, los viajes, la huida constante, no hay pruebas de que Elizabeth haya sido físicamente infiel al empera-dor. Eso sí, quedaba el deseo insatisfecho de la mujer que siempre ansía lo que se le hurta, lo que es inabarcable, como las figuras románticas de las que se enamoraba.

Sólo resulta fascinante lo que no está disponible. Y la soberana sublima una y otra vez —como diría un especialista como Sigmund Freud— su insatisfacción con sus cabalgadas interminables, sus largos paseos extenuantes, el ayuno, la falta de sosiego, la búsqueda incansable del bastidor de una felicidad que ella misma no sabe dónde reside.

Sin embargo, hace intentos. De vez en cuando la emperatriz se asienta entre los mortales y la gente común.

En enero de 1874, asiste a un baile de la corte, mientras que al mes siguiente el emperador sale de viaje para San Petersburgo.

Sissi tiene tiempo libre, las rutinas palaciegas, sin su principal figura, se aflojan y permiten ciertas licencias inusuales.

El martes de carnaval, se presenta disfrazada a la Rudolfinaredoute, la más atrayente de las fiestas del Fasching, el carnaval vienés. Ida y Sissi disimulan su identidad, vestidas de dominó: la húngara en rojo y su señora en amarillo. La emperatriz se hace llamar Gabrielle y se aburre, hasta que un caballero adecuadamente elegido por la dama de compañía responde al gusto real.

El candidato no pertenece al entorno cortesano y responde con simpatía a las preguntas de Sissi. El elegido acierta con la edad de la emperatriz, que se muestra desilusionada: *36 años*. Sin embargo, la relación continúa y se revela la identidad del acompañante: se trata de un empleado de banca, llamado Fritz Pacher, de veintiséis años, enamorado, como su majestad, de Heine.

A la semana siguiente el *partenaire* descubierto recibe una carta de la emperatriz, enviada desde Múnich y luego más misivas desde otras ciudades europeas. Pacher contesta y osa incluso llamar a la emperatriz por su nombre. El dominó amarillo ha sido descubierto…

De pronto, las cartas no vuelven a aparecer y su remitente ha desaparecido. Sin embargo, once años después, Pacher recibe una carta de Gabrielle en la que se le pide una fotografía. El *chevalier servant* de otros tiempos se ha casado, ha envejecido, está calvo, pero es feliz.

El encanto ha desaparecido y el cuento de hadas se ha deshecho ante la evidencia de la realidad. Hubo un efímero intercambio epistolar final, pero la magia se ha esfumado completamente.

La condesa Larisch, de familia Marie Louise von Wallersee, era sobrina de Sissi, hija de su hermano Luis y de una simple actriz, Henriette Mendel. Captó muy bien ese espíritu aventurero y neurótico de la emperatriz cuando escribió en su obra *Mi pasado*, que publicó en 1913: *Elizabeth estaba enamorada del amor, que significaba para ella el fuego de la vida… pero su entusiasmo no duraba nunca mucho, sin duda porque lo vivía de manera excesivamente estética…*

Se debe probablemente a este tipo de carácter complejo y fuera de lo común el hecho de que fuera la propia soberana la que insistiera a su esposo para que tuviera relación con distintas amantes, entre las que Catherine Schratt ocupó un lugar privilegiado.

Esta curiosa pareja del emperador, consentida por su propia esposa, le dio a ésta la libertad que anhelaba y al marido compañía para paliar la tristeza que le provocaban los interminables e impredecibles viajes de la soberana. Puso, incluso, orden en sus necesidades domésticas cotidianas.

Elizabeth actúa como una verdadera celestina, acercándolos, arreglando sus diferencias cuando riñen o invitando a Catherine a recepciones oficiales.

Las relaciones de Sissi a menudo se convierten en amistades peligrosas. De esta forma es considerado por algunos el vínculo que la une a Elizabeth Wied, Carmen Sylva, reina de Rumanía, con quien se identifica como si de un alma gemela se tratara.

Las dos reinas comparten muchas características en común: la afición por el espiritismo, el odio hacia las monarquías y la nobleza, el fastidio por los casamientos frustrados, como los suyos propios, el amor por la poesía y la fascinación por Safo.

La soberana rumana, que se dedicaba a escribir dramas, poesía, novelas, opinó de Elizabeth: *Los hombres querían imponer a un hada el arnés de un protocolo rígido, pero la pequeña hada no se deja someter, extiende sus alas y levanta el vuelo cuando el mundo la aburre.*

Carmen Sylva era además republicana, el único sistema político que le parecía digno de ser defendido. Casada con Carol I de Rumanía, *batallaba a favor de los socialdemócratas, declarándose incapaz de comprender cómo los pueblos seguían soportando a sus reyes.*

Todos, gustos y opiniones muy elocuentes, que harían alzar las cejas a los observadores atentos de la época.

Para colmo de extravagancia, Sissi adoraba a las féminas, reflejo de su condición e identidad y como parte de sus excentricidades en la elección de sus objetos de culto, no descartó coleccionar fotos y retratos de mujeres hermosas de su tiempo.

Hubo una excepción clara en su relación con acompañantes femeninas, alguien que no sucumbió a sus encantos y a su fascinación: Pauline Metternich, la esposa del embajador de Austria en Francia, que siempre detestó a la emperatriz. Se la conocía por el sobrenombre de *Mauline*, por su afición a hablar mal de algunos de sus contemporáneos.

La relación de Elizabeth con sus hijos también fue única y muy diferente de la que podía establecerse entre una madre al uso, aunque fuera de sangre real, con sus hijos.

La primera pérdida importante que llevó a la soberana a un duelo intenso fue la de su hija primogénita, Sofía. Gisella y Rodolfo fueron educados bajo la férrea dirección de su abuela materna, la madre del emperador, y apartados desde la cuna del entorno de su madre.

María Valeria, en cambio, fue la hija de la reconciliación con Francisco José, concebida y nacida en Hungría, la patria de adopción de la emperatriz.

Su madre llamaba a María Valeria por su apodo, *Kedvesem,* que en húngaro significa *la querida.* Era todo lo que le habían dejado a la reina.

Cuando su hija se decida por el archiduque Francisco Salvador, rechazado por el emperador, la madre tomará partido por Valeria. Sin embargo, la llamará *tonta* por haberse enamorado.

XII.   LOS CONTACTOS DE LA DINASTÍA HABSBURGO CON ESPAÑA

A pesar de las evidentes conexiones entre Austria y España, especialmente en cuestiones vinculadas a la etiqueta y la religión, en las primeras décadas del siglo XIX no se llevaron a cabo demasiados contactos entre ambos países.

Sin embargo, después del periodo revolucionario de 1848, que afectó a varias regiones del continente europeo, algunos miembros de la casa Habsburgo hicieron acto de presencia en territorio español.

Efectivamente, Ludwig Víctor, hermano menor del emperador Francisco José, llegó a España para conocer a la reina Isabel, aunque coincidió con el año en que la soberana abandonó el país.

Con la restauración borbónica, un miembro de la familia Habsburgo emparentó con el nuevo rey, Alfonso XII, que se casó en segundas nupcias, después del fallecimiento de la primera reina María de las Mercedes, con la archiduquesa austriaca María Cristina.

También acudió a Madrid Rodolfo, el heredero del trono del Imperio austrohúngaro, y realizó un viaje por el país durante el que recorrió varias regiones.

Tampoco dejó de visitar España en 1851 el hermano del emperador, que moriría fusilado en Querétaro después de su aventura mexicana. El desafortunado monarca en tierras americanas, hizo una escala en Madeira, adonde había llegado Elizabeth en un intento de restablecer una salud que por entonces dejaba mucho que desear.

Desde la isla atlántica, llegó en barco a Cádiz y fue recibida en tierras andaluzas por el duque de Montpensier. Más adelante pasa por Gibraltar y Mallorca, en dirección a la isla griega de Corfú, que se transformó en uno de sus destinos habituales.

La reina Isabel II de España estaba enterada de la afección pulmonar de la soberana austriaca, de la que además había informado puntualmente el primer secretario de Estado en junio de 1861.

El clima cálido y suave del Mediterráneo sentaba mucho mejor a la emperatriz que los fríos y lluviosos inviernos de Viena, donde permanecía encerrada en recintos que nunca llegaban a caldearse convenientemente para paliar su vulnerabilidad respiratoria.

Se sabe además que aparte de los problemas bronquiales, Elizabeth sufría a menudo de edemas, probablemente provocados por su tendencia irrefrenable a alimentarse de manera deficitaria e inadecuada.

En mayo de 1862, tras sus recorridos por Europa, la futura reina de Hungría llega al castillo de Reichenau, situado a unas tres horas de la capital de Austria.

En ese lugar vuelve a sentirse enferma y una junta médica decide que, para tratar sus problemas de salud, entre los que se cuenta su inapetencia y la consiguiente anemia provocada por su dieta, debe enviársela a tomar las aguas a Kissingen.

Sin embargo, las pruebas de la falta de mejoría de Sissi son tan evidentes, que, según la camarera mayor de palacio, *desgraciadamente ni unos ni otros creen ya posible conservarle la vida sino a fuerza de esmerados cuidados y a beneficio del método higiénico más escrupuloso y continuado, cosa poco asequible con el genio de su majestad imperial.*

La verdad es, en contra de lo que se comentaba en los foros autorizados de la corte vienesa, que los baños de Kissingen sí mejoraron la salud de la emperatriz y le permitieron continuar con sus obligaciones protocolarias, al menos, por un tiempo.

Hay nuevas noticias sobre el estado de la soberana en enero de 1868. En España queda poco tiempo para el relevo de Isabel II y su errática política de gobierno y, mientras tanto, en la corte austriaca se había logrado pactar el *augsgleich* (*compromiso*) con Hungría, después de la trayectoria turbulenta de sus patriotas en el momento de las revoluciones en Europa de 1848.

Se organiza una recepción en palacio, a la que asiste el emperador Francisco José. Como no podía ser de otra manera, el estado de salud de su esposa fue uno de los temas habituales de conversación.

El embajador de España ante la corte centroeuropea, que estaba presente, deja testimonio de sus impresiones por escrito: *esta augusta señora sigue mucho mejor en su embarazo de lo que yo me esperaba después de los rumores algo alarmantes que corrieron días pasados relativamente a su estado en algunos círculos palaciegos... Su color es bueno aunque algo encendido y no se descubren en su semblante ni en todo su ser otros síntomas que los naturales y propios de las circunstancias fisiológicas en que se encuentra.*

La emperatriz se hallaba encinta de su último vástago, la pequeña María Valeria, el fruto de su reconciliación con el esposo siempre ausente por motivos de Estado.

No fue hasta después de la boda de esta cuarta hija, cuando ya había fallecido Rodolfo, el heredero, que la emperatriz, ya una mujer madura, decidió volver a España en 1893.

Viaja, como hace muy frecuentemente, de incógnito y recorre Madrid y Andalucía. Según algunas fuentes, también estuvo en Barcelona, donde visitó la ciudad, siempre intentando pasar desapercibida.

Sin embargo, el miembro más destacado de la dinastía Habsburgo que durante más tiempo residió en España y no estuvo simplemente de paso fue el archiduque Luis Salvador.

Había nacido en Florencia, ciudad que su familia debió abandonar cuando empezó a decaer la influencia de Austria en la zona.

A pesar de que también disfrutaba con los viajes y la sensación del movimiento constante, como Sissi, se orientó por un tiempo en las regiones de Europa central, donde realizó estudios de Filosofía y Derecho.

Su vida privada no estaba exenta del tradicional maleficio al que parecía sucumbir buena parte de los integrantes de su familia. De hecho, su prometida Matilde murió a consecuencia de unas quemaduras que sufrió durante un baile de disfraces.

Durante el transcurso de una de sus interminables peregrinaciones, llegó a Mallorca y descubrió que el paisaje de la zona de Valldemossa le atraía sobremanera.

Con el propósito claro de establecerse en esas tierras, que en nada le recordaban el centro del Imperio donde gobernaba su familia, en Centroeuropa, pero tal vez sí la calidez de su Toscana natal, se instaló en Mallorca, intentando a la vez mantener una política conservacionista con el legado forestal que recibía de la isla balear.

Sissi visitó el lugar varias veces, al que Luis Salvador había llamado Miramar, y copió el nombre de una tierra que le gustaba para dárselo a su yate, con el que surcaría buena parte de las aguas del Mediterráneo y otras zonas aledañas.

La residencia de S´Estaca se convertiría con el tiempo en una de las residencias más queridas de Luis Salvador y de Sissi y en la actualidad forma parte del patrimonio del actor Michael Douglas, que lo comparte durante la mitad del año con su ex esposa Diandra.

Por medio de una fundación, el conocido actor intenta beneficiar a la zona con una actividad cultural destacada y reconocida en el mundo, a la vez que trata de no dañar ni perjudicar el entorno.

134

Luis Salvador no sólo se dedicó a la vida contemplativa, sino que además escribió una nutrida colección de obras recogiendo información de las Islas Baleares.

Murió respetado por su amor a la naturaleza y su bonhomía, en 1915, pero lejos de la Mallorca, que probablemente le había regalado los años más felices de su vida.

XIII. SISSI Y LA MIRADA DE LOS OBSERVADORES: CONSTANTIN CHRISTOMANOS, CIORAN, MORAND, BETTELHEIM Y OTROS

El intento de desentrañar el misterio de Sissi, el deslumbramiento que levantó entre sus contemporáneos y los que, muchas décadas después, se dejaron arrastrar por la ola de su aura, tiene poca competencia en la Historia.

La leyenda de la emperatriz de negro se convirtió en la réplica de un verdadero laboratorio social, donde emergieron los conflictos políticos, las ambiciones nacionalistas de los pueblos, donde se llevó a cabo un redesciframiento del continente europeo.

Según Verena von der Heyden-Rynsch, *mucho se ha escrito, narrado e imaginado en torno a Elizabeth de Austria: biografías llenas de tópicos, testimonios de aquellos que la tuvieron cerca y que, desde posturas de rendida veneración, han transmitido una imagen parcial e idealizada de su persona, cuando no un retrato desfigurado por la incomprensión...*

El proyecto vital de Elizabeth —si es que lo hubo de manera consciente— vincula de una forma lúcida la peripecia de lo íntimo y lo social, los avatares del Imperio austrohúngaro con la trayectoria de una princesa nacida para ser diferente.

En una sociedad del artificio, como Viena, la estampa de Sissi reluce con luz propia, convirtiéndose en un caleidoscopio telúrico, críptico, una especie de discurso de la rebelión, de la insurgencia.

La emperatriz destroza todos los estereotipos al uso, como mujer y como soberana, iniciando una serie de rituales de exotismo, energía y lucidez, donde el caos y lo efímero se enmarcan en un simulacro de sociedad poderosa.

Sissi se transforma en un espejismo siempre perseguido y nunca alcanzado, porque se forja en el yunque del deseo de los otros. No acostumbra a responder a la mirada ajena y actúa con apasionamiento, pero sin pasión, en un relato personal que emigra desde el enigma hasta la extravagancia.

Tuvo sus homenajes en verso, como los de Stefan George, y en prosa, como los de Bertha von Sutter, Hugo von Hofmannsthal, Theodor Fontane o Meter Altenberg.

Muchas de sus biografías sin embargo, a pesar de la frivolización con que se ha manipulado a esta figura histórica, han impuesto carácter al mito, como la de Brigitte Hamann o los *Fragmentos de diarios*, *impresiones, diálogos y recuerdos* de Constantin Christomanos.

El mundo diplomático a menudo opinó sobre esta soberana única, a mitad de camino entre el fetiche, la fantasmagoría o el ensueño históricos.

Constantin Christomanos era un joven culto, proveniente de una familia acomodada de Atenas.

Residía en Viena cuando la emperatriz, después de la muerte de su hijo, pensó en él para el puesto de profesor de griego y lector. Se convirtió en mucho más. Acompañante de los paseos interminables de Sissi, es en todo caso también el traductor avezado de sus emociones y de sus deseos. Y el cómplice disponible de sus numerosos viajes.

Christomanos cae rendido ante la belleza, la fragilidad y la vulnerabilidad de Elizabeth, pero no pierde la capacidad de objetivar lo que ve y lo que siente.

El joven detalla una definición enamorada y sublime de la emperatriz: *Sus manos delgadas y frágiles se difuminan en los lirios de sus dedos. Son como flores heladas. Poseen algo misterioso.*

Cuando sostienen algo, lo sujetan tan estrechamente que uno no puede menos que sospechar una íntima ligazón, casi una fusión de su ser con el de las cosas.

138

Toda su figura, a la que por su fluidez no le hace justicia el simple apelativo de esbelta, suspira hacia el cielo como un ciprés y fluye como una ola cuando ella reposa y respira...

Estas palabras suyas son suficientemente elocuentes: *Ella caminaba por el jardín como si la luz de su interior la condujese a alguna meta determinada. Y las cosas que la rodeaban eran partícipes de aquella misteriosa peregrinación.*

Y cambiaban de apariencia a medida que ella se les aproximaba: la fisonomía, el tono vital de las cosas se enriquecía en un nuevo matiz, como intentando dar adecuada respuesta a la música que surgía de ella, como aspirando a la armonía.

El joven griego organiza una mirada íntima, recatada sobre la imagen idolatrada de *su* emperatriz. Christomanos densifica el tejido emocional de la soberana, agregando detalles intuidos, pequeñas joyas del paisaje interior de Elizabeth que el lector avezado sólo podía sospechar o fantasear. Christomanos confirma lo que el admirador de la emperatriz ha querido oír desde siempre: la existencia corpórea y terrenal del hada. Sus señas de identidad.

Verena von der Heyden-Rynsch escribe que *pocas veces fue la emperatriz —a quien nada le parecía tan ridículo como el entusiasmo humano— tan comunicativa, tan franca, sin reservas...*

Nadie, ni siquiera las damas de la corte, fue testigo tan persistente de las palabras, las emociones espontáneas y el desconsuelo de la emperatriz.

Los comentarios que intentaban explicar el apego de Sissi hacia el profesor de griego derivaron como siempre hacia todo tipo de conjeturas.

Sin embargo, era una enamorada del amor, que se mantenía al margen de las efusiones pasionales o eróticas que tanto reprimieron los hombres y, sobre todo, las mujeres de la sociedad vienesa de la segunda mitad del siglo XIX.

El ciudadano del Imperio austrohúngaro mantuvo con la libido —como diría Freud— con lo sexual, con la carne y el cuerpo, una relación ambigua de deseo y frustración.

Encorsetada por la religión católica entendida de forma ortodoxa y una etiqueta palaciega que no daba lugar a ningún tipo de expansión, el cortesano no disfrutaba mucho de la corteza erótica de la existencia. La música de Strauss, vitalista, burbujeante, positiva, es más el espectro de lo que no fue que la afirmación real del sentir de las multitudes sojuzgadas por la férula imperial.

Los diarios del profesor griego aportaron una visión renovada sobre los claroscuros de la vida de Sissi. Después de su asesinato, el semanario vienés *Die Wage* solicitó al autor una necrológica sobre ella.

Como no estaba en condición de ponerse manos a la obra, por el desconsuelo que la desaparición de su señora le había ocasionado, puso a disposición del periódico los fragmentos de su diario.

Por las mismas fechas del asesinato de Sissi (en diciembre de 1898), aparece una primera versión de escritos, a los que seguirán, poco más adelante, un poemario titulado *Cantos órficos* y un poema dramático llamado *La mujer gris*.

Christomanos cae rendido ante el espejismo en el que gusta sumergirse la emperatriz y su relato destila toda la magia que emana de la soberana y por la que se siente transportado: *Ahora ya no recuerdo de qué hablábamos. Ahora percibo con claridad los componentes de su magnificencia, pues experimento en mí la fugacidad de sus metamorfosis.*

Pero mis palabras son demasiado secas para rozar sin quemarse los ardientes elementos de sus fluidas líneas; mis palabras son demasiado torpes para ir en pos de los delicados rasgos de su faz espiritual y de todas sus deliciosas tristezas, sin destruirlas ni espantarlas...

El intelectual heleno, otro de los devotos de la cofradía de Sissi, ha redescubierto a Titania y se ha visto engullido por el mito. Pero le compensa. La evanescencia de su señora se transmuta en una especie de felicidad para él.

La primera vez que iba a conocer a la soberana, deslumbrado por el entorno y viendo que por fin haría realidad sus expectativas sobre la mujer imaginada, escribió: *Fíjate: ahí tienes un mundo que vive sin nosotros, que, según todas las apariencias, no nos conoce, y que, sin embargo, nos aguarda desde ámbitos infinitamente lejanos.*

Pero su enamoramiento es también tremendamente físico y carnal. La descripción que hace de la figura, del cuerpo y la belleza de la emperatriz raya en el misticismo pero es, al mismo tiempo, muy erótica: *Toda su figura, a la que por su fluidez no le hace justicia el simple apelativo de esbelta, suspira hacia el cielo como un ciprés y fluye como una ola cuando ella reposa y respira...*

La edición que realizó la editorial Tusquets, en sus Cuadernos Ínfimos en una primera edición de 1988, incluía también unos textos compuestos por autores interesados en el jeroglífico de la trayectoria de la emperatriz.

Alfred Schuler (1865-1923), especialista o al menos estudioso de la Roma imperial, fue —como tantos otros— un rendido admirador de la soberana.

Schuler consideraba a su personaje, un tanto románticamente, *receptáculo de fuegos cósmicos genuinos*. Nunca pudo, a pesar de su encandilamiento por la emperatriz, encontrarse con ella.

El escritor Paul Morand (1888-1980) se unió a la larga lista de admiradores del enigma Sissi. Se trataba de un escritor que también era diplomático y en 1963 vio la luz un escrito suyo sobre la dinastía Habsburgo: *La dame blanche des Habsbourg.*

Ilumina los presentimientos que se tienen al abordar la leyenda de Sissi: *Es una mujer de hoy, con sus cualidades y defectos; entró en el siglo anterior, el XIX, como quien se equivoca de puerta.*

Morand también estudia la predisposición enfermiza de Elizabeth por los enfermos mentales, los hospitales psiquiátricos y todo aquello que representa la *diferencia*. Es la herencia de los Wittelbach, una y otra vez entrecruzada en una endogamia exagerada. Como le espeta el juez a su asesino, Lucheni, *ha asesinado usted a una desesperada.*

Otro autor preocupado por sondear el misterio de la soberana más *chic* y glamurosa del siglo XIX fue E.M. Cioran, un defensor a ultranza del suicidio, que nunca se suicidó.

Fue un filósofo contestado y respetado a la vez. Su *Breviario de podredumbre* y *Ese maldito yo* acaparan todavía el interés de un público culto cada vez mayor.

Los títulos que acabamos de citar podrían aplicarse —metafóricamente— al sentimiento que generaba el contexto del Imperio austrohúngaro o húngaro y la psicopatología del ciudadano de a pie y el cortesano.

Cioran, que se autodefine como alguien perteneciente al territorio del Imperio en cuestión, aborda el territorio íntimo de la emperatriz desde otra óptica.

Sobre su tradicional queja existencial, escribe: *La desilusión es una omnisciencia instintiva, un conocimiento anterior a la experiencia, una metafísica automática. La desilusión inmuniza además contra la vulgaridad, pues gracias a ella no se es nunca como los demás.*

Y enarbola una cierta crítica del egoísmo de la reina magiar, cuando comenta: *A Sissi le parecía normal que todo un imperio se agitase para que ella pudiese pasear su desencanto de un país a otro. Para sus contemporáneos eso fue una provocación. Por fortuna para la emperatriz, la historia es totalmente cínica… El interés y el encanto de Sissi residen, precisamente, en su comportamiento lunático.*

Cioran es uno de los creadores y pensadores que no se deja seducir por las veleidades y la magia de la soberana. Va más allá de la anécdota, de lo efímero, lo caduco, más allá incluso del personaje, para ensamblarlo en una época.

Si Sissi forma parte de los mimbres de una civilización del artificio, si a la vez entronca con universos de trasgresión y hace de su credo la exaltación de un cierto sentido del caos, al Imperio austrohúngaro o húngaro le pasará lo mismo.

Hay muchas referencias a esta etapa histórica como final de trayecto, prefiguración de un mundo que se colapsa entre los estertores bélicos de dos grandes guerras.

El siglo XX cierra definitivamente la tragedia de Austriahungría, así como la de otros fabulosos imperios de leyenda.

La música de Strauss ya no representa la alegría despreocupada de quien no se cansa de girar en el tiovivo de la Historia, como los personajes ambiguos de *La Ronde,* de Max Ophüls.

Cioran lo percibe y lo explica de maravilla: *Se ha dicho y repetido que el crepúsculo del Imperio austrohúngaro prefigura el de*

142

Occidente. Se ha hablado incluso de ensayo general... Sin ese grandioso escenario, Sissi no hubiera sido más que un tema inesperado para biógrafos o una diosa para estragados.

En esta línea se manifiesta también Schorske, cuando establece y rastrea varias vías de investigación del periodo histórico que nos ocupa, en su libro *Viena fin de siècle*.

Como dice (hablando de Cioran) la autora que realiza la selección de textos en la edición de Tusquets, *no se puede negar la afinidad existente entre el filósofo y la emperatriz. No son pocas las cosas que concuerdan: desde el desengaño existencial hasta el anhelo de muerte, pasando por la corrosiva ironía como máscara de la desdicha y el fatalismo de impronta balcánica.*

Los autores que hacen referencia a las peculiaridades de la reina de Hungría, como Ludwig Klages, siempre vuelven sobre los temas clásicos: el dolor, la ansiedad y el anhelo de otra cosa que no se sabe qué es, la búsqueda de la belleza, la influencia del *fatum* como los entendían los personajes de la antigüedad, la ironía, el narcisismo, la irresistible atracción del vacío y de la muerte, *eros* y *tánatos*.

Cioran es de una objetividad y una claridad sorprendentes cuando, preguntándose por los hitos históricos de nuestra época y acercándose al abismo de nuestro pasado inmediato, recoloca en su ambiente natural el misterio Sissi: en la Historia, sólo son cautivadores los periodos de ocaso... *las obsesiones, las manías, las extravagancias de una Sissi sólo podían tener realmente sentido en una época que iba a culminar en una catástrofe modelo. De ahí que la figura de la emperatriz sea tan significativa, de ahí que nosotros la comprendamos mejor que sus contemporáneos.*

Aparte de las aportaciones literarias o filosóficas de los exégetas de Sissi, existen otros enfoques, más psicológicos, que se han convertido también en un material clásico.

En ellos se presenta al personaje como profundamente enfermo y desviado de la norma social al uso. Un modelo que hoy podría considerarse al filo de un *trastorno de la personalidad*, más allá incluso del puro malestar neurótico al que nos vemos sometidos como integrantes de una sociedad como la occidental.

Bruno Bettelheim, que sobrevivió a dos campos de concentración, vienés de nacimiento, autor de un famoso libro sobre los cuentos de hadas, justamente, se entrega al análisis del carácter de la emperatriz.

La considera enmarcada en una realidad de naturaleza narcisista, histérica y con algunos síntomas de anorexia nerviosa.

Bettelheim hace mención a las dietas privativas de Elizabeth, acompañadas por sus interminables caminatas, de seis o siete horas o más, o sus cabalgadas incansables: *Como algunas histéricas, del tipo de la heroína de Schnitzler en su Señorita Elsa,... paseaba desnuda, sin medias, para horror de su entorno. Cuando en 1871 el emperador le preguntó qué quería para su cumpleaños, le respondió que un asilo para enfermos mentales completamente equipado...*

Freud no fue el primer interesado en las pulsiones sexuales de sus pacientes neuróticas, típicos paradigmas de una sociedad en descomposición como la vienesa.

Krafft-Ebbing, el conocido psiquiatra austriaco, había publicado ya en 1886 un ensayo donde vinculaba la patología de origen sexual con el resto de las manifestaciones de descompensación psicológica.

Para Maurice Paleólogue, los disturbios mentales de Sissi se relacionan con la psicastenia y es precisamente esa enfermedad la que la atenazó después del nacimiento de sus dos primeras hijas y la obligó a dejar Viena en dirección a Madeira.

El autor lo explica de esta forma: *Lo que domina en ella es la molestia dolorosa y difusa, la sensación coercitiva, ansiosa y deprimente que le hacen experimentar las obligaciones de su vida oficial...*

Inasequibles al mito, hay quien toma partido por lo contrario. Efectivamente, Serge Daney, crítico de cine, fallecido de sida en 1992, fantasea con resucitar a la suegra de Sissi, la archiduquesa Sofía, verdadero espantajo de la historia que defienden los seguidores de la emperatriz misteriosa.

Este autor da su versión de la soberana: *¿Se puede afirmar que Sissi haya ignorado el miedo de ver las cosas con claridad? Desde luego que no.*

Ella habla de la mascarada interior que debe soportar... postula la ilusión, como todos los que no se suicidan, aunque hayan saboreado el vacío de la vida, de esta enfermedad, tal y como ella la llama.

Eterna gaviota de los océanos, la emperatriz siempre fascina a quien se acerca al discurso de sus infelicidades y desgracias.

Puede haber —hay, de hecho— como escribe Catherine Clément, *una Elizabeth a la medida de cada uno.*

Como escribe esta especialista francesa, *a medida que pasan los años, son más numerosos los escritores inspirados por ella. Más allá de las biografías de referencia —el conde Corti, Jean des Cars, y Brigitte Hammann— filósofos, psicoanalistas y novelistas sueñan cada uno con su emperatriz.*

Con el paso del tiempo, los acontecimientos y los personajes no se alteran, somos nosotros los que modificamos la mirada que depositamos en el pasado.

A cada suceso le prestamos el proceso de identificación que hace que renovemos el enfoque que tenemos de la Historia, que en el presente, adaptándola a nuestra idiosincrasia, hacemos por fin nuestra.

Sea como fuere, y retomando el caso de su profesor de griego, Verena von der Heyden-Rynsch, sigue considerando el relato de Christomanos como la escenificación del enigma Sissi.

En el rastreo que éste hace de su personaje, se enarbola el territorio del exotismo, la energía y el aura de la emperatriz. El discurso enamorado de Christomanos de los acontecimientos que trazaron los límites reales de la vida de Sissi relampaguea en un verdadero laboratorio donde el caos y la ritualización de los estereotipos sólo son una parte del todo.

Von der Heyden-Rynsch opina lo siguiente del rol del profesor griego en la reconstrucción del escenario de la existencia de Elizabeth: *Aún en nuestros días, cuando los documentos históricos y los avances de la psicología nos sitúan en una posición muy distinta de la de finales del siglo pasado, el libro de Christomanos sigue siendo una clave única e insustituible…*

Las máximas, comentarios y observaciones casuales de Elizabeth, amorosamente recogidas en este libro, contribuirán sin duda a entrelazar aún más los hilos de la leyenda, pero al mismo tiempo nos desvelan una dimensión muy profunda de aquella enigmática criatura.

XIV.   LA VIDA AMOROSA
SUPUESTAMENTE SECRETA
DEL EMPERADOR

Con el paso del tiempo, el vínculo entre los emperadores, que nunca se ha librado de la incomprensión y el desencanto mutuo, se resquebraja todavía más.

Elizabeth recuerda con nostalgia los tiempos pasados, cuando aún había esperanza para la felicidad y el goce:

¡Oh!, no me hables de esas horas
en las cuales nosotros nos pertenecimos,
con su felicidad se desvanecieron,
y nuestro Edén es asolado.
Sin embargo vivirá su recuerdo,
Hasta la calma que nos dé la muerte.
¿Podemos olvidar jamás
que yo te di mi alma,
que tú eras todo para mí,
y yo te juré felicidad hasta la tumba?
...
No tengo que decirte el tiempo,
que entonces a nosotros unió tan tierno
y que nunca podremos olvidar,
tan infinitamente lejos ahora
sin embargo parece...

Probablemente, la vida íntima de la pareja imperial tuviera pocos momentos de pasión y entrega, vistas y consideradas las peculiaridades de los personajes que la integran.

Francisco José era un soberano entregado a la razón de Estado, con una educación rígida e inflexible, obsesivo en el ejercicio del poder y en el cumplimiento de las tradiciones de la casa de Habsburgo. Alejado, sin duda, de toda forma de erotismo y expansión sensual.

Sissi, por su parte, habitualmente absorta en la contemplación de sus propias necesidades y deseos, subalimentada y rodeada por una corte de aduladores y acompañantes en la aventura de perder de vista la realidad, difícilmente estuviera interesada por otro cuerpo que no fuera el suyo o por una comunicación amatoria que la alejara de sus cotidianas preocupaciones.

Una pareja sin esperanza para el amor. Elizabeth, con toda probabilidad, sublimara su interés carnal en la búsqueda de paraísos imposibles, donde el viaje se vivía como la metáfora del goce.

A pesar de haber tenido cuatro vástagos, no era fácil que se entregara a los placeres de la carne, sino únicamente a las obligaciones de la reproducción.

Pocas mujeres de esa época se vinculan con la sexualidad, tal vez la inefable Lou Andreas Salomé o la versátil Alma Mahler. Ellas son mujeres, el resto son esposas.

Además, alguien que es sospechoso de anorexia mantiene con el propio cuerpo una relación ambigua, de amor odio, donde no está exenta la inclusión de una madre o de figuras paternales que se vivencian como invasivas y autoritarias, excesivamente demandantes.

No está clara la frontera que separa a Sissi de los designios de su madre o su suegra. Son relaciones simbióticas, poco definidas, que no dejan crecer.

En efecto, es ya un clásico para psiquiatras y especialistas en los trastornos de la alimentación preguntarse por el tipo de vínculo que ata a la persona que se deja morir de inanición o se somete a los peores castigos físicos hasta la extenuación a su madre.

Relaciones difusas las maternofiliales, sin límites ni fronteras; la anoréxica sigue siendo toda su vida para los padres *su niña*.

Difícilmente esta *niña* pueda independizarse y tener una relación acabada y completa con un objeto de deseo que no sea más o menos edípico, paternal o maternal.

Sin embargo, la lucidez de la soberana hace que ella misma establezca la vinculación existente entre sus trastornos de alimentación y su infelicidad.

Sobre este tema, explicó: *Cuando no me siento bien, mi peso aumenta y de todos los males, ése es el que más me molesta.*

Francisco José, por su parte, adoraba a su Sissi, pero el rol que la época y los hombres o parejas reservaban para sus esposas —como dijimos— no era muy lucido, ni reivindicable.

Con las esposas se tenían hijos y una familia. Se ordenaba la vida en torno a una casa y un patrimonio. Se gozaba con las prostitutas, las amantes o las amigas.

Así pues, y siguiendo este diseño tan peculiar, el emperador también incursionó en el proceloso mar de las infidelidades conyugales. Pero éstas fueron bastante sui géneris.

Katharina Schratt era una actriz del Burgtheater, cercano al Hofburg, que contaba 33 años cuando el emperador se interesó por primera vez por ella. Francisco José tenía entonces 55 y su esposa 48.

Sissi estuvo desde el primer momento al tanto de las inquietudes amorosas de su marido por la actriz y, tal vez culposa por su inclinación a los viajes y al abandono de palacio, decidió favorecerlas.

La Schratt mantiene desde el comienzo de su relación con el emperador una cierta cercanía con Sissi, vínculo mutuo de complicidad, que, de todas formas, no escapará a la rigidez del protocolo.

La actriz vienesa había nacido en 1853 en Baden bei Wien, cerca de la capital. Su familia tenía únicamente hijos varones y permitió que la joven iniciara en 1872 sus estudios de teatro en el Conservatorio de Arte Dramático Kirchner de Viena.

Katharina había tenido varios amantes cuando se vinculó al emperador, un actor, un aristócrata con el que se casaría y se divorciaría posteriormente sin grandes escándalos. La relación había tenido como fruto un hijo, Antón.

La Schratt fue una actriz reconocida en su época, ya que llegó incluso a actuar en Nueva York.

Su situación financiera, hundida por un marido dispendioso y que no se preocupaba por lo material, era catastrófica, pero el banquero judío Edward Palmer, le prestó ayuda y así llegó Katharina a convertirse muy pronto en miembro titular del Burgtheater.

Su admisión en la famosa institución vienesa traía aparejada una recepción donde sería recibida por el emperador y ésa parece ser la primera vez que se vieron.

La vida continuó llena de tentaciones vitales para la actriz, que mantuvo varias relaciones amorosas con personajes de reconocido prestigio en la ciudad.

La emperatriz, en una decisión por demás curiosa, encargó para su marido un retrato de la actriz, de quien el soberano llevaba mucho tiempo prendado.

El pintor fue uno de los artistas habituales de la monarquía, Heinrich von Angelis. En 1886 Katharina recibía la primera misiva del emperador, primera de una larga serie de cartas que compartiría con el soberano.

La relación irregular de Francisco José con su actriz se convirtió en un vínculo cotidiano, repetido, casi burgués, de no ser por el oficio y la ocupación del caballero de la pareja. El emperador fue generoso con la actriz, a quien hizo numerosos regalos, la mayoría muy valiosos.

En 1887 la relación se había hecho pública, porque eran habituales los encuentros fuera del entorno inmediato de palacio, es decir, que el pueblo llano podía seguir con mayor facilidad sus encuentros cuando estaban de vacaciones o disfrutaban de un periodo de tiempo libre.

El emperador desayunaba casi cada día con su amada Katharina, que había resultado ser una compañera agradable y adecuada para cubrir su soledad.

De hecho, Francisco José, cuando no la veía, la echaba terriblemente de menos, como testimonian estas palabras que le

150

Francisco José de Austria.

dirigió a la actriz: *Hace apenas ocho días que no os he visto y sin embargo, tengo la impresión de que hubiera transcurrido una eternidad y es que uno se acostumbra rápidamente a la felicidad.*

No parece el estilo del emperador de Austria, desde luego. Los amantes intercambiaron una nutrida comunicación epistolar, pero la de Katharina a menudo se perdió. Sea como fuere, parte de ella fue publicada en Viena en 1992.

De todo este asunto, es probable que lo más curioso sea la reacción de Elizabeth ante lo que otra esposa hubiera considerado una traición evidente y a las claras por parte de su marido. La emperatriz llamaba a Katharina *la amiga*.

Pero Sissi no sólo no se enfadó, sino que, de hecho, la pareja imperial invitó a la actriz a una visita oficial al palacio de Lainzar Tiergarten.

Katharina era más rellenita que la emperatriz, pero, como era comprensible, encontraba cierto placer en copiar sus manías y sus rutinas. Sin embargo, Sissi se reía abiertamente de los intentos de la actriz para tener una silueta fina y estilizada como la suya:

Tu ángel gordo llega ya
en verano con las rosas.
¡Ten paciencia, Oberon mío!
¡Y no hagas tales cosas!
Consigo trae su mantequera,
y mantequilla se deja preparar,
se baña el cabello con cognac,
y al final aprende a montar.
Se ciñe la barriga en el corsé,
que crujen todos los encajes,
se mantiene derecha como una plancha
y remeda aun otras cosas.
En la casita de los geranios,
donde todo está tan fino y suave,
ella se cree Titania,
la pobre, gorda Schratt.

En 1889 el emperador hizo posible que la dama de su corazón se pudiera comprar una residencia en Hietzing, lugar que daría acogida a numerosos encuentros.

La que de ninguna manera aceptó la relación de su padre con la actriz (y volvemos otra vez a los inconvenientes del Edipo) fue la hija menor de los emperadores, María Valeria, que siempre demostró su fastidio por la compañera elegida por el soberano.

Katharina, por su parte, no abandonó una cierta vida social y, desde luego, nunca dejó de lado el ejercicio de su profesión de actriz. Pero su devoción al amante y al soberano siempre estuvieron presentes, aun con la llegada de los años.

Tiene la suerte de que su abnegación desinteresada al emperador le fue finalmente reconocida por la familia imperial, de modo que le permitieron asistir a las exequias del soberano, que falleció el 21 de noviembre de 1916. Katharina, *die freundin,* le sobreviviría 24 años más, con lo que morirá a los 87 años.

Cuando Sissi intentó relacionar a su marido con la Schratt, problamente no sabía que éste ya tenía otro vínculo amoroso. Se trataba de Anna Nahowski.

Este *affaire* había comenzado en 1875 y *coincidió durante cuatro años con la amistad que Francisco José mantenía con Katharina Schratt, antes de que él terminara con esa relación,* escribe Renate Stephan.

La alianza amorosa del emperador con Anna Nahowski se mantuvo durante 14 años. Se veían en Schönbrunn o en la residencia de la joven en la calle Maxingstrasse, cercana al palacio.

De esa relación nació una hija, que cuyo padre era el soberano. Con el paso del tiempo se casó con Alban Berg, uno de los pioneros del cambio musical que se comenzó a operar en la Viena de fin de siglo.

XV. LA MUERTE DE ELIZABETH

En el catálogo de la exposición que tuvo lugar en la Biblioteca Nacional de Madrid, del 6 al 25 de octubre de 1998 (recordando los 100 años de su muerte), titulada *Elizabeth, emperatriz de Austria, etc, etc, etc,...*, el director general de esta institución escribió: *Cuando el anarquista Lucheni apuñaló en Ginebra a Elizabeth de Austria, creía asesinar a una mujer que encarnaba para él odiados símbolos del imperio y la realeza y no sabía que aquella mujer fascinante no sólo era la esposa de Francisco José... sino una categoría viva que pronto alcanzaría la categoría de mito.*

...Paradójicamente, una persona que siempre renunció a los baños de multitudes y concedió gran importancia a la intimidad... había de convertirse con el tiempo en uno de los personajes más cercanos al corazón del pueblo y a la sensibilidad de las gentes.

Muchas generaciones de chicas de todo el mundo crecieron con Romy Schneider [...] en España..., floreció una revista para niñas que llevaba ese cariñoso apelativo y que tuvo una larga y provechosa vida editorial: todas las damas españolas de más de 30 años la recuerdan.

Con fecha de 21 de enero, en Schönbrunn, aparece esta cita en el libro de recuerdos de Christomanos: *Se trata de almas que han venido al mundo desde una época ya extinguida, para continuar los sueños del pasado y prefigurar los de los tiempos venideros.*

Han extraído esos sueños del caos en que flotaban desde la noche de los tiempos, a la espera de que alguien pusiera la vista

155

en ellos. También las cosas del espíritu han de nacer para poder alcanzar la culminación de la muerte...

Un obrero lleno de ideas avanzadas en su cabeza vagabundea en Ginebra cerca del hotel Beau Rivage. Alguien comentó que la emperatriz de Austria estaba cerca...

A Sissi le encantaba Ginebra, cerca de la cual sus amigos Rothschild tenían un palacio. A pesar de su edad —sesenta años—, a su manera disfrutaba de la vida.

El agua, aunque no fuera la del mar, la mecía como si se tratara del líquido amniótico en el vientre de su madre. Volvía a la infancia, al origen mítico y primordial.

Y lo principal: se había alejado una vez más de Viena, de las rutinas de palacio, de sus personajes acechantes y vacíos.

Los Rothschild eran una familia riquísima, de origen judío, que había conseguido, debido a su posición y sus contactos, a partir de la época del Congreso de Viena, un lugar en el escenario de la nueva nobleza.

Julia Rothschild, nuera de Jacob Rothschild, mantenía una excelente relación de amistad con Elizabeth.

La familia de banqueros también recibía y ayudaba a la ex reina María, hermana de la soberana austriaca, después del descalabro del plan ideado por Cavour, que acabó con la expulsión de Francisco II de su reino de las Dos Sicilias.

Garibaldi y sus seguidores abrieron entonces el camino para la que sería posteriormente la unificación de Italia.

Sissi, acompañada de la condesa Sztáray, se encontraba una vez más disfrutando de uno de los parajes más fascinantes de Europa central, una maravilla natural que ya había seducido con anterioridad a personajes conocidos de la literatura francesa del siglo XVIII, como madame de Staël o algunos de los enciclopedistas.

Es probable que durante las visitas a su amiga la baronesa Rothschild, la soberana contara su experiencia y su encuentro con la Dama Blanca, que tradicionalmente se presenta a los Habsburgo cuando van a morir.

No parecía importarle la advertencia de que su tiempo terrenal estaba trascurriendo por sus últimos tramos. Hacía tiempo que se

156

había cansado de jugar a vivir, como si en realidad estuviera ya muerta.

El anarquista Lucheni, como un Ravaillac contemporáneo, buscaba a alguien famoso para cometer un atentado, alguien que lo pudiera apartar de la miseria de una vida sin proyecto y sin ilusiones.

El concepto más importante del anarquismo es la negación de cualquier autoridad ya sea pública o privada, aunque esta ideología es más compleja.

De hecho, la multidireccionalidad del movimiento anarquista encuentra su manifestación en la polisemia que se utiliza para definir a sus partidarios: libertarios, ácratas, anarquistas.

Uno de sus prohombres, Mijail Bakunin (1814-1876), expresaba fervientemente: *Yo soy un amante fanático de la libertad a la que considero como el único medio en el seno de la cual puede desarrollarse y agrandarse la inteligencia, la dignidad y la felicidad de los hombres.*

No de esa libertad formal, otorgada, medida y reglamentada por el Estado, mentira eterna y que en realidad no representa nunca nada más que el privilegio de algunos fundado sobre la esclavitud de todos...

Según las ideas anarquistas, la fuerza revolucionaria de elección eran los sectores marginados de la sociedad y también el campesinado.

Por esa razón había florecido en los territorios de la Europa oriental y central y mediterránea y en general donde no había industrialización y sí dedicación a la tierra.

Esta ideología descansa en la creencia de una dinámica violenta y destructiva, que debe establecer unas reglas del juego sociales desde cero, con seres humanos libres, organizados exclusivamente en comunas sin instituciones y sin Estado.

El anarquismo exalta la libertad del individuo, pretende destruir el sistema corrupto burgués aunque sea por medio de la violencia y sueña con una sociedad igualitaria.

Desde muy pronto se plantearon diferencias con el marxismo, que creía en un Estado en manos del proletariado, con una educación controlada por el Estado, aunque defendían el ateísmo y atacaban la religión como forma de opresión. No hace falta reiterar la consabida cita de Carlos Marx: *La religión es el opio del pueblo.*

El primer teórico del anarquismo es Guillermo Godwin (1756-1836), que ya desde el comienzo lleva a cabo una protesta contra cualquier forma de organización política.

En este sentido representa una amenaza para el orden capitalista y burgués y sus representantes. De hecho, el político español Cánovas del Castillo fue asesinado en 1897 por miembros de esta facción ideológica, igual que el zar Alejandro II en Rusia en 1881. La próxima, al año siguiente, sería Elizabeth.

No se había presentado la víctima elegida originariamente, Henri de Orleans, *aquel zángano de sangre azul... que nunca se había ensuciado las manos con el trabajo...,* al decir de los anarquistas. Pero había tenido suerte después de todo. Al mediodía, dos damas distinguidas acababan de abandonar el hotel.

Sissi, siempre madrugadora, hace planes para comprar regalos para sus amigos y juguetes para los nietos. Está de buen humor, ya que en la residencia de la baronesa Rothschild habitualmente se relaja, disfruta del paisaje, del jardín. Y algo extremadamente curioso, come...

La soberana parece que por fin se ha dado una tregua, incluso hasta goza de la vida a ratos. Pero parece que ya es tarde para ella.

Alguien —traficante de noticias— ha cometido la imprudencia de hacer pública la estancia de la emperatriz en el hotel Beau Rivage. Es de todos conocida su presencia en la ciudad.

El anarquista cambia de planes con rapidez y aguarda el momento oportuno. Sus conocimientos someros de anatomía humana son suficientes para no titubear a la hora de clavar el punzón.

Lucheni aborda a la dama de negro, que disimula su identidad y su presencia detrás de un abanico y una sombrilla.

Le ha clavado una lima fina, que deja una marca casi imperceptible sobre el pecho de la emperatriz. Nadie se da cuenta de lo que pasa. Ella tampoco.

Algunos paseantes piensan que se trata de un intento de robo y la policía, demasiado tarde, hace acto de presencia.

Elizabeth se siente desfallecer, está pálida, le pregunta en húngaro a su acompañante qué ha pasado. Ya no hay tiempo. La vida se le escapa por un hilillo de muerte entre los dedos.

La condesa Sztáray, la dama de compañía, se azora, pidiendo al capitán del barco donde había subido pocos momentos antes que atraque, que la mujer herida es la emperatriz de Austria.

No hay nada que hacer. Vienen los médicos, intentan sondear una arteria en el cuello. No hay ni rastro de sangre en el cuerpo de Elizabeth. La muerte le ha llegado finalmente después de tanto invocarla, en el momento en que menos la esperaba, sin darse cuenta. Eran las 2:40 del mediodía.

El mismo día de su asesinato, sin saber que ya su amada esposa no recibiría su carta, Francisco José le envió lo siguiente: *Mi dulce, amada alma, me ha alegrado mucho el mejor estado de ánimo que refleja tu carta y que estés contenta con el tiempo, el aire y con tu casa con terraza, que tiene que ofrecer una vista maravillosa a las montañas y al lago.*

El que hayas sentido, no obstante, una especie de añoranza por nuestra querida Villa Hermes me ha conmovido.

Paul Morand escribió sobre este suceso: *La víspera de aquel viaje fatídico, en Caux, se le había aparecido la Dama Blanca. Elizabeth recordó las precedentes apariciones del espectro: 1621, 1740, 1809, 1866.*

Sissi tiene 60 años y su asesino, Luigi Lucheni, el anarquista italiano, 26.

Desde que el heredero murió en Mayerling, la vida no tenía sentido para la soberana. Había emprendido lo que Catherine Clément define como *el vuelo de la gaviota.*

Sissi viaja bajo el nombre ficticio de Mrs. Nicholson o de condesa Hohenembs.

Sin embargo, se encuentra ya perturbada por los achaques de la edad: la ciática le hace sentir muchos dolores y las arrugas marcan todas las desventuras de su trayectoria vital en su rostro.

Desde hace años, desde los aciagos acontecimientos de Mayerling, Sissi ha cambiado su atuendo de Titania, de hada, por el más fúnebre y desesperanzado hábito que la convierte para siempre en *Mater dolorosa*

Lucheni, otro desgraciado personaje, había sido abandonado por su madre, después de traerlo al mundo en París. Llevó a cabo diversos trabajos, incluso el de sirviente de un príncipe. Parece ser que el *caso Dreyfus* despierta su voluntad de hacer algo por la revolución.

Sin embargo, como escribe Clément, *el atentado de Lucheni contra Elizabeth no tuvo el efecto político esperado por los anarquistas.*

La vieja emperatriz, perdida en un nomadismo solitario, no pertenecía ya al mundo de la representación política como para que su muerte fuera un escándalo.

Solamente tuvieron piedad de ella y eso es todo. El atentado de Sarajevo, en junio de 1914, fue el que obtuvo, desde el punto de vista anarquista, los mejores resultados: asesinando al príncipe heredero Francisco Fernando, sobrino del emperador, el serbio Princip propició los comienzos de la Primera Guerra Mundial, que trajo como una de sus consecuencias el hundimiento del Imperio Habsburgo.

Para ilustrar y sorprender al lector hay que subrayar, sin embargo, que Princip tiene hoy en día un museo dedicado a su persona y a su *gesta* en la ciudad de Sarajevo.

Lucheni era de los que pensaban que una política de atentados podía redimir al mundo de la decadencia y podredumbre burguesa. Por eso, cualquier figura noble o cualquier testa coronada le serviría para llevar a cabo su hazaña.

Se realizó la autopsia al cuerpo de la emperatriz y fue embalsamada para su posterior traslado a Viena. Su corazón, como era práctica habitual, fue enviado a los agustinos y sus vísceras, a la catedral de San Esteban.

160

Lo que el ritual de los Habsburgo ha preservado después de tanto reparto descansa en la Cripta de los Capuchinos, al lado de su hijo y de su esposo. Su ataúd siempre tiene flores frescas.

Quienes más la lloraron de los pueblos del Imperio fueron lógicamente los húngaros, para quienes se había transformado en una leyenda.

Lucheni dejó algunas frases célebres de su epopeya para la Historia. A propósito de los *parásitos sociales* escribió que *quien no trabaja, no come.*

De su asesinato de la emperatriz dejó dicho: *Apunté al corazón y estoy contento de esta noticia... Un Lucheni mata a una emperatriz, no a una lavandera.*

Curiosamente, con esta cita, subestimando a las clases menos favorecidas a las que pretendía defender y representar, el homicida parece haber perdido el norte.

¿O es que acaso una trabajadora, por su poca relevancia social, no merecía entrar en la lista de candidatos de su hazaña?

Lucheni fue condenado a cadena perpetua en su totalidad, pero no la cumplió porque murió once años después del homicidio.

Constantin Christomanos, el profesor de griego, incluye un dato interesante sobre la gaviota oscura, casi negra, que acompaña a Elizabeth hasta Corfú: *Algunas veces mi gaviota negra me ha hecho compañía durante una semana, de un continente a otro. Creo que esa gaviota es mi destino.*

La Dama había cerrado el círculo del destino otra vez. Maurice Barrès cita una frase de Sófocles puesta en labios de Antígona, quien le dice a su hermana Ismena: *Hace mucho que estoy muerta en vida, ya no puedo servir sino a los muertos.* La cita podría aplicarse también a la desventurada emperatriz.

XVI. MUSEOS Y EXPOSICIONES QUE RECUERDAN A SISSI

Se ha hablado aquí bastante sobre los lugares donde vivió la emperatriz de Austria. En Viena y alrededores, el palacio del Hofburg, Schönbrunn, Villa Hermes y Laxenburg.

En la Isla de Corfú, el Achilleion. En las cercanías de Budapest, en Hungría, el palacio de Gödöllö, que le fue regalado por el pueblo húngaro y que tanto le gustaba. Los palacios de Viena eran como cárceles para la emperatriz, que trató de alejarse de ellos cada vez que le era posible.

En el palacio de Hofburg, en el corazón de la Viena Imperial, se ha inaugurado recientemente el nuevo museo *Sissi. Mito y realidad.*

En esta residencia, que fue durante 600 años refugio, casa y centro de poder de la dinastía Habsburgo, se pueden admirar ahora libros de poesía, muebles, joyas, vestidos, objetos y hasta el vagón de tren en el que solía desplazarse en sus viajes habituales.

En el escenario del nuevo museo no faltan ni su máscara mortuoria ni el estilete con el que Lucheni la privó de la vida.

Pueden contemplarse también las estrellas de diamantes con que embellecía su cabello, ya de por sí magnífico, las alhajas de la coronación, el atuendo de su despedida de soltera con una inscripción en árabe que reza: *¡Oh, Dios mío!, ¡qué sueño tan hermoso!*

No faltan tampoco su *toilette* de estilo inglés ni su bañera, el gimnasio donde se preparaba físicamente a diario, el tocador donde se cuidaba su famosa cabellera.

El museo permite, asimismo, consultar las poesías de la emperatriz, que tuvieron al poeta alemán Heine como inspiración; ropa interior y accesorios como sombrillas, abanicos, guantes, recuerdos y un álbum de fotografías.

Viena suma con éste y el también inaugurado recientemente en Liechstenstein 102 museos.

El 6 de enero de 1998 apareció en el periódico *El País,* un artículo que se tituló *Austria se baña en la nostalgia de Sissi.*

Su retrato con las estrellas de diamantes y una fotografía de Romy Schneider caracterizada como la joven emperatriz daban comienzo a una información sobre las celebraciones del centenario de la muerte de Sissi.

La corresponsal en Viena, Julieta Rudich, relataba en este artículo que en Múnich se iba a presentar una obra sobre las biografías de las tres hijas de la emperatriz, mientras que *Ginebra dedicará a Sissi una estatua y unas jornadas con conferencias y exposiciones y Austria abordará el tema por todas las esquinas.*

La periodista informaba además de que a partir del 2 de abril del año del centenario, se presentaría una exposición con el título *Hermosura para la eternidad* para estudiar el entorno y la personalidad de Elizabeth.

Las exposiciones tenían lugar en los palacios que fueron residencia de la soberana, en la videoteca y también se llevarían a cabo un espectáculo musical y una puesta en escena con marionetas.

El balneario de Bad Ischl, escenario habitual de la emperatriz, conmemoró la fecha con actividades vinculadas al arte ecuestre o a sus numerosos desplazamientos.

Con anterioridad al centenario de 1998, el Museo Nacional Centro de Arte Reina Sofía, de Madrid, presentó, entre el 6 de octubre de 1993 y el 17 de enero de 1994, la exposición *Viena 1900.* La exposición estaba presidida por uno de los famosos retratos de Winterhalter de Sissi.

El entonces ministro federal de Investigación y Ciencia de Austria, Dr. Erhard Busek, escribía para el catálogo de la muestra: *... se ha pretendido ofrecer la imagen de una época que tiene en Viena una de sus expresiones más genuinas y características en los más diversos campos de la cultura.*

164

Conceptos como modernismo, art nouveau, secesión... a la vista de las obras maestras de Klimt o los refinados productos de los Wiener Werkstätte, no resulta difícil hablar de la música que, según dicen, se respira en el aire de Viena...

Esta exposición visitó muchos países de Europa, además de Estados Unidos y Japón.

La frase grabada en el edificio de la Secesión, *A cada época su arte. Al arte, su libertad,* podría haber sido el correlato implícito en esta muestra maravillosa que desgraciadamente no volverá a repetirse. Como la Viena fin de siglo, de la que nos hablaba Schorske.

No sólo las artes plásticas y la arquitectura estuvieron representadas en *Viena 1900.* También la literatura y la música. María del Corral, que por entonces era la directora del Centro Reina Sofía, citó a Auguste Rodin, el escultor francés contemporáneo de ese periodo, que se expresó de esta manera: *El público necesita tiempo para comprender el camino anticipado por los artistas pero el vencedor es siempre el genio. No conozco ningún lugar fuera de Viena, ni grupos de artistas que se hayan consagrado con una lucidez tan profética a los problemas difíciles, a riesgo de ser incomprendidos.*

A propósito de la música en Austria, en el mismo catálogo existe un artículo de Tomás Marco, donde reseña a la vez la importancia y difusión de la *música popular* y la llamada *música culta.*

Marco lo explica perfectamente cuando escribe: *Música militar en las calles,... en los parques, en los cafés. La furia del vals y otras danzas... otra música de consumo era la opereta, que triunfaba en todos los múltiples teatros vieneses y que había sido consolidada por el mismo artífice, Johan Strauss II, a partir de éxitos como* El murciélago *o* El barón gitano...

Otros nombres recogían su relevo... entre ellos, el más famoso, Franz Lehar. Con La ciuda alegre *o* El conde de luxemburgo... *o* La princesa de las czardas *de Kalman.*

Marco también habla de Gustav Mahler, cómo no, y de Richard Strauss, Schoenberg y su escuela.

Pero el compositor y crítico lanza una advertencia importante, que bien podría hacerse extensiva a todo el análisis del Imperio austrohúngaro, no sólo en lo que atañe al desarrollo de la música en esa etapa: ... *si la Viena de 1900 se nos aparece como un cosmos capaz de estudio particular y además de un interés muy relevante, no debemos perder de vista que la visión actual que podamos tener del periodo es obligatoriamente muy diferente de la de aquellos que lo vivieron.*

También se ha citado aquí una muestra celebrada en Venecia, del 22 de febrero al 1 de abril de 2001, titulada *Elisabetta d'Austria e l'Italia.*

XVII.   RESUMEN FINAL
DE UN CUADERNO DE BITÁCORA

El Cairo me resulta extraordinariamente familiar; allí me siento como en casa. Incluso en medio del gran alboroto de los arrieros y los asnos me siento menos agobiada que en un baile de palacio, y casi tan feliz como en pleno bosque.

Cultura y civilización son dos conceptos que hay que distinguir. La cultura está presente en los desiertos arábigos, en especial en el sur y en el este, donde la civilización aún no ha penetrado, en los mares y en las praderas solitarias. Civilización significa ahogar la cultura... La civilización son los tranvías; la cultura son los hermosos bosques...

Elisabeth de Baviera, emperatriz de Austria
y reina de Hungría

Sissi, la viajera infatigable que se hacía atar al palo mayor en medio de las tempestades en el mar, podría haber escrito más que sus memorias, al compás del ruido de los obenques, un cuaderno de bitácora. Parecido a esos que esbozan los viejos marineros, a camino entre las travesías y los puertos y la imagen quebrada de sus deseos.

Elisabeth de Baviera es una mujer que vivió en el siglo XIX, aunque por su forma de pensar y actuar debió pertenecer a nuestra época.

Una mujer enigmática y con carácter, que suscitó grandes pasiones en toda Europa, y que coronada a los 16 años como

167

emperatriz del Imperio austrohúngaro, no quiso otro reino que el suyo propio

La verdadera imagen de Sissi, ya lo hemos resaltado aquí, no es la que nos ha dado el cine de Ernst Marischka (con Romy Schneider y Karlheinz Böhm como actores protagonistas), proyecto con el que el director de las tres películas sólo pretendía entretener al público de la posguerra europea.

Se trataba de una recreación epidérmica del pasado imperial de un país que había perdido las dos guerras mundiales.

El personaje da tanto juego que todavía hoy no dejan de publicarse libros sobre su trayectoria vital. A la edición en español del clásico de Conde Corti (original en lengua alemana) hay que añadir *Vals Negro*, de Ana María Moix, y la obra de Ángeles Caso, vituperada por el escritor y periodista Francisco Umbral.

Incluso una escritora de tercer orden pero número uno en ventas durante décadas como Barbara Cartland, se tomó el tiempo para hacer su despreocupada aportación sobre el tema. Nadie tiene mucha información novedosa que aportar.

Realmente no hay muchas cosas desconocidas que contar. Los historiadores avezados esperaban que antes de su muerte, la emperatriz Zita, la última reina viva del fenecido Imperio austrohúngaro, hiciera declaraciones sobre el *caso Mayerling,* pero todo fue en vano. La muerte se la llevó sin que aportara datos originales.

El rol de los padres de Rodolfo de Habsburgo hubiera podido aclarar muchas incógnitas sobre la vida de Elizabeth. Pero todos los secretos fueron enterrados con la dinastía, en la lúgubre y tétrica Cripta de los Capuchinos, en Viena.

El cine de Marischka, una versión dulcificada de la vida de Sissi, fue retomado por uno de los más cultos y decadentes directores del cine italiano: Luchino Visconti.

Visconti le dio la oportunidad a la actriz que había encarnado la trilogía de Marischka, Romy Schneider, de construir y mostrar la vida de una emperatriz adulta, llena de matices, enriquecida y a la vez atormentada por una existencia que ya había empezado a mostrarle su lado sombrío.

Y de curarse también, como persona y como actriz, de las heridas que le había causado la extenuante recreación del personaje a lo largo de tres películas.

Sissi y Ludwig se identifican por ese deseo de fuga (salían a cabalgar frenéticamente de noche, en plena nieve) y esa búsqueda de belleza y absoluto los transformó a ella en una viajera impenitente y a él en un constructor de castillos *kistch* como Neuschweinstein o Linderhof.

La música de Wagner envolvió la vida cotidiana del *Rey Loco*, que, como su prima, se dejaría arrastrar por el sentimiento de una peregrinación inacabable.

Visconti realizó una creación absoluta. Cuentan sus exégetas que solía rodar con vestidos y perfumes de época y que todas sus fantasías eran pocas a la hora de reconstruir historias y personajes.

Gran parte de todo lo que sabemos de Elizabeth es gracias al diario de su profesor de griego Constantin Christomanos. Él estaba profundamente enamorado de la emperatriz, que por entonces tendría unos 50 años. Con él la soberana pasaba mucho tiempo, era su compañero de unas caminatas que llegaban a durar hasta seis horas.

Cuando ella debía peinarse su larga cabellera, la mítica melena, objeto de adoración de quienes la rodeaban, convocaba a Christomanos, con el que estudiaba griego clásico y moderno y filosofaba sobre la búsqueda de lo bello.

Sissi en su infancia —como ya se dijo aquí— creció en un clima de alegría, libertad y muy alejado de la etiqueta de palacio.

Vivía con su familia en Possenhofen, rodeada de hermanos, animales, bosques, y un padre con el que mantenía muy buena relación.

El duque Max tuvo un importante papel en su vida, era luminoso, mujeriego, inquebrantable bebedor de cerveza, cazador, amante de los caballos (tradición que Sissi también siguió), y que siempre hacía planes descabellados, como la idea de montar un circo...

Cuando Sissi tenía 16 años, el emperador Francisco José debía escoger esposa; su madre, la archiduquesa Sofía, ya tenía clara su estrategia.

Había muchas princesas extranjeras aspirantes al trono, pero si el emperador escogía una, los demás países se sentirían ofendidos por lo cual Sofía pensó en la hija de su hermana Ludovica, Helena.

El plan iba saliendo bien hasta que la hermosura y gracia de Elizabeth, hermana de Helena, conquistaron al joven emperador. Lo demás es leyenda...

Fue el 16 de agosto de 1853 cuando la volvió a ver en Ischl y dos días después, el día de su cumpleaños, Francisco José declara que Elizabeth es la elegida.

Fue un compromiso supuestamente romántico, pero con un fuerte componente político. ¿Realmente ella le amaba?, eso nunca lo sabremos. ¿La amaba él?, estaba completamente enamorado y la quiso hasta el día de su muerte.

Pronto Elizabeth se dio cuenta de que ella no estaba hecha para la etiqueta que palacio exigía, y que su suegra, a quien llamaban *el único hombre del Hofburg,* le haría la vida imposible.

Sissi hacía gala de un temperamento incorregible, que no se adaptaba a la etiqueta de palacio. Adoraba los animales y la actividad física.

Incluso embarazada montaba a caballo, su desparpajo horrorizaba a la corte encerrada en el Hofburg; adoraba los animales, la libertad, los bosques, el circo, pasear, especialmente en los últimos años de su vida...

Herida por el dardo de la depresión y la melancolía, a menudo expresó sus sentimientos en sus poemas:

He aquí que mi cuerpo yace allá
bajo el mar profundo, este cuerpo que destrozaban, sin corteza
estos arrecifes abigarrados.
....

un ejército de pólipos viscosos
invade mis piernas

y sobre mi corazón asciende una bestia inmunda
....
Siento que roza mis talones una langosta real
Mi cuello, mis brazos son enlazados
por medusas
y peces, pequeños y grandes
se aproximan...
Mi última lágrima, como una perla,
¿la recibirás algunas vez?

Citada por Catherine Clément, de un libro de Brigitte Hamann.

Por lo menos hubo algo que no pudieron criticar pero que sí consideraron como una extravagancia más y fue su afán por estudiar idiomas: hablaba alemán, húngaro y el griego moderno y manejaba con soltura el griego clásico...

Elizabeth padeció varias enfermedades, unas reales y otras imaginarias, producidas seguramente por su neurosis. Era el precio que había que pagar por ignorar la corteza de sus sueños y confundir el deseo y la realidad.

Sissi, de todas formas, combinaba la *rentabilidad* de la enfermedad con los viajes. Las curas termales (muy en boga por entonces), los excesos en la falta de nutrición, los regímenes alimenticios diseñados por ella misma para mantener su magnífica cintura, deterioraban su salud y desesperaban a los médicos.

Vista de esta manera, Elizabeth aparece como una Lady Di *avant la lettre*, una neurótica egoísta a la que sólo le interesaba sobresaltar a los burgueses de Viena con su distinción y sus diferencias. Una maniquí de pasarela sin cerebro y que sólo se preocupa por la imagen que el espejo siempre convocado le devuelve cada día.

La realidad era muy diferente: la emperatriz era sensible como madre, como mujer y también como gobernante. Aunque el matiz estaba en su particular forma de valorar respectivamente las relaciones familiares, su identidad femenina y el protocolo y la alta política.

Sissi intervino en política más de lo que se le supone. Intentando limar las asperezas que un Imperio como el que aglutinaba su marido no dejaba de crear: distintas razas, religiones, creencias, nacionalidades, unas fronteras inestables siempre vueltas a dibujar después de cada guerra, de cada escaramuza o intento revolucionario.

El Imperio austrohúngaro tenía desde la época de Metternich y las revoluciones de 1848 un recuerdo y una estela de muerte.

Muchos de los patriotas que se sublevaban en sus territorios eran pasados por las armas, las peticiones de los pueblos eran silenciadas una y otra vez por la represión. Se estaba asistiendo a una decadencia y al final de una época que no acababa de cuajar nunca.

La labor de Sissi en estas cuestiones de Estado era callada pero clara: intentó romper una lanza a favor de las libertades de las nacionalidades, si bien es cierto que los húngaros siempre estuvieron en el primer lugar de sus preferencias.

El cariño de la emperatriz por Hungría también le fue correspondido. Erzebest, como era conocida, sigue siendo aún hoy una figura popular y bien incorporada a las tradiciones magiares.

Parece ser que también incentivaba o al menos acompañaba las inquietudes del heredero, Rodolfo, por establecer nuevas pautas políticas que pudieran rediseñar los periclitados esquemas de poder del viejo Estado.

Frente a estas ideas de cambio, progresistas, se alza el padre castrador: la figura inconmovible y estática del emperador.

Coaliciones medio secretas, matrimonios truncados como el de Rodolfo y su mujer, intrigas palaciegas, todo colaboraba para que nadie fuera feliz en Viena.

Sissi empezó a ver cada día más claramente que su *reino no era de este mundo* y que su felicidad, si es que existía, o si podía tener derecho a ella, empezaba una vez que traspasaba los muros del palacio de Hofburg o de Schönbrunn. Ya lo hemos dicho reiteradamente aquí. Pero es una de las ideas motrices de su vida.

A medida que desconecta con la cotidianeidad del poder, empieza a ser cada vez más ella misma. La emperatriz de una nueva época: la de pintores como Klimt, Schiele, Kokotschka, la de músicos como Mahler, la de conquistadores del pensamiento como Sigmund Freud.

Es verdad que, a la vera del estancamiento y la inflexibilidad políticos del Imperio y su decadencia, florecieron las artes, la cultura, la economía, el buen gusto. En la madurez de la emperatriz se empieza a gestar el fin de siglo más espectacular de toda Europa.

Viena aparece así como una rival de París. La capital de los nuevos estilos, el emporio de una clase ociosa que se mira a sí misma en la literatura, en los jardines, en los cafés y en los conciertos. Que descubre el consumo y las leyes del mercado.

Al mismo tiempo es una princesa medieval. Una especie de reina Ginebra rediviva, aunque con un gusto diferente por el pecado y por la transgresión. Ginebra engaña al rey con un hombre. Sissi se deja llevar por una incontenible sed de infinito.

Cuando sus propios límites ya le resultaron escasos, cuando el continuo trasiego empezó a fatigarla, cuando las pérdidas de sus hijos y de su familia se empezaron a repetir como una letanía, como un castigo, la emperatriz empezó a morir.

Esta época coincide con su declive físico. Con esa perplejidad que le hace ver, que, a pesar de todo, ella también es mortal. Se viste de negro. Y la vida se transforma en un luto constante.

Ya nunca más saldrá del duelo y la mano asesina de un anarquista torpe y confundido, que la eligió a ella porque *la personalidad que esperaba encontrar para matar no había aparecido,* la liberó para siempre de sus penurias y de sus tormentos. Murió tan incomprensiblemente como había vivido.

Pero había en esa última manifestación de vida cuando comenzó a dejarse ir, en aquel vapor en Suiza, una clara vocación de coherencia, de final de proceso. Sissi parecía haber cerrado el círculo. Y había pasado a convertirse en mito.

Esta idealización de la mujer diferente se vio enriquecida por todos los hombres que la amaron sin ser correspondidos (a Sissi le parecían excesivamente *terrenales* los contactos físicos), pero que, sin embargo, tuvieron un lugar preferente en su corazón o en sus fantasías.

Christomanos decía de ella que era como una Perséfone y Winterhalter y los pintores que plasmaron para siempre su figura y su personalidad le prestaron un *halo* mágico que no la abandonaría nunca. El aura del hada.

El público, siempre atento a los paradigmas exóticos, se hizo con ella y la diseñó según el mapa de una fantasmagoría. Nadie parece desprenderse de esa sensación de distinción (en todos los sentidos de la palabra) que imprime en el lector o en el espectador de su historia y sus peripecias.

Quien ha visto sus cuadros en el Hofburg, queda prendado de ella para siempre. Y en la memoria de sus fieles, la Dama Negra (ella) y su oponente, la Dama Blanca (que solía frecuentar a los Habsburgo cuando iban a morir), nos invitan a la búsqueda de la superación de los contrarios, porque Elizabeth perdura todavía: está hecha del frágil material que hila los sueños.

Para terminar, se podría citar a Luis Antonio de Villena, que en la introducción que hace al libro *Allá lejos* de J.K. Huysmans, dice (y podríamos aplicar a Sissi las características que el crítico le confiere a Huysmans):

Y fue Huysmans quien afirmó que todos los fines de siglo se parecen. De ahí la sensación de cercanía que su distancia produce y de ahí también la atracción por su disidencia. Porque Huysmans fue un disidente.

Alguien que se atrevió a hacer el gesto, a salirse del espantoso rebaño (del grupo donde van todos, incluso amparados por etiquetas ilustres), a estar contra la mayoría. Y tal brisa marina frente a lo mojigato, la mesocracia y el oportunismo, es la que —aún hoy— nos refresca y alivia.

Para ilustrar la situación del Imperio austrohúngaro desde mediados del siglo XIX hasta comienzos del XX, se da una referencia comparativa con otros países, según el cuadro de Paul Kennedy, en su obra ya clásica y siempre actual *Auge y caída de las grandes potencias. Plaza y Janés/Cambio 16. 1989.*

Renta Población Renta Hombres Buques
Nacional (millones) per en las de guerra
(millones cápita F.Armadas (tonelaje)
de $) ($)

E.Unidos 37 98 377 164.000 985.000
Alemania 12 65 184 891.000 1.305.000
G.Bretaña 11 45 244 532.000 2.714.000
Rusia 7 171 41 1.352.000 679.000
Francia 6 39 153 910.000 900.000
Italia 4 37 108 345.000 498.000
A.Hungría 3 52 57 444.000 372.000
Japón 2 55 36 306.000 700.000

Del mismo autor, se presenta la distribución de la producción industrial mundial 1800-1900.

Porcentajes
1800 1830 1860 1880 1900

Reino Unido 4,3 9,5 19,9 22,9 18,5
Imperio austriaco 3,2 3,2 4,2 4,4 4,7
Francia 4,2 5,2 7,9 7,8 6,8
Estados alemanes 3,5 3,5 4,9 8,5 13,2
Imperio ruso 5,6 5,6 7,0 7,6 8,8
Europa en conjunto 28,1 34,2 53,2 61,3 62,0
China 33,3 29,8 19,7 12,5 6,2
Japón 3,5 2,8 2,6 2,4 2,4
Estados de India 19,7 17,6 8,6 2,8 1,7
Estados Unidos 0,8 2,4 7,2 14,7 23,6

XVIII. BIBLIOGRAFÍA

AVRIL, N.: *L´impératrice*. París, Grasset, 1993.
CARTLAND, B.: *The private life of Elizabeth empress of Austria*. Estados Unidos, A Pyramid Book.
CLÉMENT, C.: *Sissi l´impératrice anarchiste*. París, Gallimard, 1992.
CHRISTOMANOS, C.: *Sissi*. Barcelona. Tusquets Editores, 1988.
CORTI, C.: *Elisabeth d´Autriche*. París, Payot, 1936.
HAMANN, B.: *Sissi*. Taschen, 1997.
MOIX, A.: *Vals negro*. Barcelona, Editorial Lumen, 1994.
SCHORSKE, C.: *Viena fin de siècle*. Madrid, Editorial Gustavo Gili, 1981.
STEPHAN, S.: *Elizabeth, emperatriz de Austria 1837-1898*. Austria, Imperial Edition, 1998.

CATÁLOGOS DE EXPOSICIONES

Elizabeth de Austria, etc, etc, etc. Biblioteca Nacional. Ministerio de Educación y Cultura. 1998, Madrid.
Elisabetta d´Austria e l´Italia. Ministero per i Beni e le attività culturali. Edizioni della Laguna, Venecia, 2001.
Viena 1900. Museo Nacional Centro de Arte Reina Sofía. Madrid, 1993.

PELÍCULAS

La trilogía de Ernst Marischka sobre Sissi (se vende en tiendas y se repone a menudo en televisión).

Ludwig, de Luchino Visconti, sobre el rey de Baviera, sus sueños y su familia (se descatalogó y posteriormente se realizó una versión actualizada de las cuatro horas originales).

Todas las películas incluidas en el capítulo de Mayerling; algunas se han convertido en obras de culto y no suelen encontrarse.

EN INTERNET

http://www.cronologia.it/storia/biografie/sissi.htm
http://www.austria.org/nov95/crime.htm
http://www.eurohistory.com/mayerling.html
http://www.herodote.net/histoire01302.htm

XIX. CRONOLOGÍA GENERAL DEL SIGLO XIX

1830 — Revolución en Francia.

1830 — Estreno de *Hernani,* de Victor Hugo, es el reconocimiento literario del Romanticismo.

1833 — La electrólisis de Faraday.

1837 — Comienza la etapa victoriana, con la coronación de Victoria.

1837 — Se estrena *Oliver Twist*, de Charles Dickens.

1837 — Se establece la primera línea telegráfica.

1839 — Edgar Allan Poe publica sus *Cuentos* en Estados Unidos.

1842 — Balzac estrena *La Comédie Humaine.*

1844 — Isabel II se convierte en reina de España.

1848 — Numerosas revoluciones en Europa.

1851 — Verdi estrena su ópera *Rigoletto.*

1852 — Luis Napoleón proclama el II Imperio.

1854 — Guerra de Crimea.

1856 — Gustave Flaubert da a la luz *Madame Bovary.*

1858 — Mendel da a conocer las leyes de la genética.

1859 — Aparece el *Origen de las especies,* de Charles Darwin.

1860 — Se revisa la concepción del Renacimiento (Burckhardt).

1861 — Se unifica Italia.

1864 — Primera Internacional.

1865 — Aparece *Desayuno en la hierba*, de Monet.

1866 — Se publica *Crimen y castigo,* de Dostoievski.

1867 — Marx publica *El capital.*

1869	— Se hace pública la *Clasificación periódica de los elementos.* (Mendeleiev).
	— Primer Concilio Vaticano.
1871	— Comuna de París.
	— Unificación de Alemania.
1873	— I República española.
1875	— Se estrena la ópera *Carmen*, de Bizet.
1878	— Edison consigue fabricar la bombilla eléctrica.
1879	— Wundt funda el Instituto de Psicología.
1882	— Se da a conocer el *Parsifal*, de Wagner.
1883	— Nietzsche publica *Así habló Zaratustra*.
1887	— Hertz trabaja con las ondas.
1888	— Stevenson publica *Dr. Jekyll y Mr. Hyde*.
1894	— *Caso Dreyfus*.
	— Los hermanos Lumière inventan el cinematógrafo.
1900	— Sigmund Freud escribe *La interpretación de los sueños*.

180

XX. CRONOLOGÍA DE LA VIDA DE ELIZABETH DE AUSTRIA

1837 — El día de Navidad, nace Elizabeth en Múnich. Su padre, el duque Maximiliano en Baviera, y su madre, Ludovica, hermana de Sofía, madre de Francisco José, emperador de Austria.

1853 — El día 18 de junio se compromete en Ischl con el emperador.

1854 — El 24 de abril, enlace en Viena.

1855 — El 5 de marzo nace su primogénita, Sofía.

1856 — El 15 de julio nace su segunda hija, Gisella

1857 — El día 29 de junio muere Sofía.

1858 — El 22 de agosto nace el heredero del Imperio, Rodolfo.

1860 — Permanece dos años desde el nacimiento de su hijo en Madeira, aquejada de una enfermedad que no se ha definido con claridad (¿tuberculosis, depresión, enfermedad venérea...?).

— Hasta 1862 realiza viajes a Corfú y Venecia.

1862 — En agosto la emperatriz vuelve a Viena.

1863-5 — Comienza un periodo de cierta libertad. Estudia el húngaro y se vuelca con los intereses de ese país.

1866 — Elizabeth interviene para facilitar la creación de la monarquía dual.

1867 — Compromiso con Hungría y coronación en Budapest.

1868 — El 22 de abril nace María Valeria, la cuarta de sus vástagos.

1873 — Se casa Gisella con Leopoldo de Baviera.

1874	— Sissi es abuela. Se dedica más que nunca a las actividades ecuestres.
1879	— Se celebran las bodas de plata de Francisco José y Elizabeth.
1881	— Boda del príncipe Rodolfo con la princesa Estefanía de Bélgica.
1882	— Sissi empieza a manifestar algunos problemas físicos. Restringe su alimentación y aumenta la actividad física.
1885	— Se va a Oriente en su yate.
1889	— Suicidio (¿asesinato?) del príncipe Rodolfo.
1890	— María Valeria, su hija preferida, se casa con el archiduque Francisco Salvador. La emperatriz sigue viajando intensamente.
1896	— Asiste a los festejos del milenio magiar en Budapest.
1898	— El 10 de septiembre, en Ginebra, Elizabeth cae apuñalada por la mano del anarquista Lucheni.

XXI. ROMY SCHNEIDER: LA DULCE *ALTER EGO* DE UNA EMPERATRIZ

No puedo soportar el miedo escénico ni la angustia. La tentación del vacío, ¿sabéis lo que es eso? ¿Cómo se puede vivir en perpetuo estado de vértigo?

Seguro que muchos lectores o espectadores o la gente común que busca referentes en su vida nunca habían oído hablar de Elizabeth de Baviera, emperatriz de Austria, ni de Sissi, la seductora princesa a la que Romy Schneider le dio vida en su Viena natal, cuando tenía aproximadamente la misma edad que su personaje.

Parecía que estaban hechas la una para la otra. Así lo creyeron sus seguidores, sobre todo la madre de la actriz, que la obligó hasta tres veces a repetir un papel del que ya se había cansado y sentía que la tiranizaba.

Romy tuvo una vida muy desgraciada, entre los relumbrones del éxito y la fama y una artista única, que inició una carrera sin grandes expectativas en Austria, para llegar a convertirse en el paradigma de la actriz francesa comprometida en papeles de enjundia.

Sus amores o amoríos, especialmente los que la vincularon a Alain Delon y en otro orden de cosas a Luchino Visconti, fueron muy comentados. También sus dos matrimonios, el primero de ellos con Harry Meyen, que posteriormente se suicidó.

Daniel Biasini se casó con ella en segundas nupcias, sólo para convertirla en un trofeo social y en una salida para solucionar sus problemas financieros.

Romy tuvo con cada uno dos hijos. Uno de ellos, David, falleció en unas circunstancias dramáticas, al caer sobre una valla en la residencia de los padres de Biasini y Sarah, fruto de su relación con éste.

Claude Sautet, uno de los directores con quien se sentía más identificada, dijo de ella: *No soporta ni la mediocridad ni la decrepitud de los sentimientos.*

Es bella con una belleza que ella misma se ha construido. Una mezcla de encanto venenoso y de pureza virtuosa.

Porque Romy es a la vez una mujer refulgente y desgraciada, y una actriz que lo sabe todo, pero que no ha podido expresarlo.

No es una novedad para nadie las similitudes existentes entre la vida de Romy y la de la propia Sissi, de la que se convirtió en un símbolo y un doble. De hecho, la peripecia vital de la actriz parece paralela a la de la emperatriz.

Ambas perdieron a su único hijo, quisieron vivir en una realidad dibujada según el trazo de sus deseos y se vieron defraudadas por las personas y por el destino.

Sautet sigue diciendo: *Romy es la vivacidad en persona, una vivacidad animal con cambios de expresiones brutales, que van de la agresividad más viril a la dulzura más sutil.*

Romy es una actriz que va más allá de lo cotidiano, que alcanza una dimensión solar. Posee esa ambigüedad que es patrimonio de las grandes estrellas...

En muchas ocasiones mantuvo relaciones peculiares con sus compañeros de trabajo, con sus directores, pulsando la creatividad en cada una de ellas, entregándose hasta el fondo de sí misma. Su compañero habitual en el cine francés, Michel Piccoli, dijo de ella: *Mientras que muchas personas sólo existen a través de demostraciones afectuosas, nosotros, Romy y yo, tenemos la suerte de comprendernos en silencio.*

Las intimidades del trabajo exigen mucho. Ningún abandono, ninguna ruptura es posible. Con Romy... es una S.A.R.L., una sociedad de responsabilidad ilimitada lo que compartimos...

Romy siempre vuelve en la imaginación a su infancia, un escenario donde fue feliz, a pesar de las obligaciones y las restricciones que para su edad le imponía una madre invasiva y ambiciosa, que quería realizarse a través del éxito y el triunfo de su hija.

Sin embargo, la actriz reconoce que, *detrás de una apariencia encantadora, hay alguien que puede llegar a morder.* Como Sissi.

Romy floreció con las pérdidas personales y una especie de luto constante, de núcleo melancólico, que arrastró, como Elizabeth, durante buena parte de su vida.

Ella mismo dijo:

Enterré al padre,
enterré al hijo,
nunca los he abandonado ni al uno ni al otro.
Y ellos tampoco me han abandonado a mí.

Las actrices nunca olvidan la ruta que las lleva a sus teatros. Tampoco las mujeres se separan del camino de sus primores amores.

Rota la lucidez, una lucidez convulsa, la vida de Romy transcurre entre películas geniales y sobresaltos existenciales: la operan de un cáncer en un riñón, representa papeles que la desestructuran como persona, como *Lo importante es amar.*

Sigue adelante, hasta que una noche, harta de alcohol, de pastillas y, sobre todo, de vida, pasa a otra dimensión, donde existe un refugio para las desdichas, donde impera el olvido. A Elizabeth un extraño le resolvió el trabajo amargo de romper sus redes con la vida. Por su parte, Romy sintió que había llegado el momento definitivo de cortar:

La pérdida de mi hijo —exclamó— es una desgracia que nunca quiero olvidar...

Según explica David Lelait, en su biografía, alguien le dijo a Romy cuando era joven que su destino sería el mismo que el de la emperatriz de Austria.

No se pueden dejar de admirar las numerosas convergencias entre las dos mujeres. ¿Acaso no nos sorprende la proximidad de su apariencia física? Ojos con reflejos dorados para Elizabeth, una mirada verde irisada para Romy, una misma cabellera abundante y castaña...

Dialogan con los perros y los gatos, se emborrachan con el aroma de las flores, cuentan las estrellas y juegan a la carrera con el viento.

Las dos van a abandonar el puerto de paz que las ha visto crecer para descubrir una gloria tan inmediata como imprevista a la edad de 16 años, una convirtiéndose en emperatriz de la Historia, la otra en la emperatriz más célebre de la historia del cine.

En la misma edad, están bajo la férula de dos mujeres autoritarias, la madre, la suegra... Buscando la excelencia, el amor y la libertad, no encuentran en la vida real las respuestas que esperan...

A Romy la llaman *la novia de Europa*, a Sissi *la emperatriz locomotora.*

Este párrafo final podría definirlas perfectamente a las dos: *Lo mejor sería que desapareciera en una isla desierta, de donde no saldría más que para hacer una película antes de volver rápidamente a mi aislamiento. De esta forma nada podría ocurrirme. De esta forma no escucharía más hablar de valor mercantil ni de conceptos comerciales que parecen vincularse a un mercado de animales.*

Romy, como Sissi, sufre la mutilación de la realidad y una sed de infinito que ninguna fuente, ningún acontecimiento puede saciar.

La historia de la emperatriz ya la hemos intentado esbozar antes aquí. La de Romy, ya terminada, puede revivirse todavía, porque su magia late en el celuloide que la convirtió en actriz y la desmembró como ser humano.

Pero ése es el material para otro proyecto y para otra historia...

XXII. CRONOLOGÍA FUNDAMENTAL DE ROMY SCHNEIDER

1874   — Nace Rosa Albach Retty, su abuela.

1906   — Nace su padre.

1909   — Nace su madre.

1937   — Se casan sus padres.

1938   — 23 de septiembre, nace Romy.

1941   — Nace su hermano, Wolfi.

1945   — Divorcio de los padres.

1953   — Rueda su primera película, *Lilas blancas,* y su madre se vuelve a casar.

1954   — Filmación de *Los jóvenes años de una reina.*

1955   — Primera película de *Sissi* y otras más.

1956   — Filma *Sissi emperatriz.*

1958   — Filmación de *Niñas en uniforme y Cristina*, en París, con Alain Delon. Comienzan sus relaciones amorosas.

1959   — Filma *La bella y el emperador.*

1961   — Teatro en París, de la mano de Visconti, con Delon: *Lástima que sea una puta. Boccacio 70, Combate en la isla.*

1962   — Recorre Francia con *La gaviota* y Delon la abandona.

1966   — Se casa con Harry Meyen. Se instala en Berlín y nace su hijo, David.

1967   — Muere su padre, con 60 años.

1968   — Muere su padrastro, que la dejó sin dinero gracias a sus pésimas inversiones financieras.

1969   — Rueda una de sus películas más emblemáticas, *Las cosas de la vida.*

1970	— *La califa y Max y los chatarreros,* con Piccoli.
1971	— Rueda *El asesinato de Trotski.*
1972	— Filmación de *Ludwig, El crepúsculo de los dioses, César et Rosalie.*
	— Abandona Alemania y a su marido. Biasini se convierte en su secretario particular.
1973	— Filma *El tren, Un amor de lluvia.*
1974	— Llegan *Trío infernal, Inocentes con manos sucias* y otra de sus películas de culto, *Lo importante es amar,* dirigida por Zulawski.
1975	— Rueda *El viejo fusil.* Se divorcia de Harry y se casa con Daniel Biasini.
1976	— Premio César por *Lo importante es amar.*
1977	— Nace su hija Sara.
1978	— Rueda *Una historia simple.*
1979	— Rueda *Claro de mujer y La muerte en directo.* Su primer marido se suicida. Segundo César por *Una historia simple.*
1980	— *La banquera y Fantasma de amor.* Muere su abuela con 106 años.
1981	— *La passante de Sans-Souci.* Segundo divorcio. Se le extirpa un riñón, debido a un cáncer incipiente. Su hijo David pierde la vida en circunstancias muy dramáticas.
1982	— Romy fallece el 29 de mayo.
1984	— Se crea el Premio Romy Schneider.
1996	— Muere su madre.
2000	— El público francés, que la había integrado como propia en el cine nacional de más calidad, la elige *actriz del siglo.*

XXIII.   BIBLIOGRAFÍA SOBRE ROMY SCHNEIDER

BENICHOU, P.: *Romy Schneider.* París, Pac Editions, 1976.

LELAIT, D.: *Romy au fil de la vie.* París, Payot, 2002.

ROTHSCHILD, N. : *L´amour est affaire de femmes,* París, Robert Laffont, 2001.

SCHNEIDER, R.: *Moi, Romy,* París, Ergo Press, 1989.